现代翻译理论与实践研究

曹 鑫 著

北京工业大学出版社

图书在版编目（CIP）数据

现代翻译理论与实践研究 / 曹鑫著 . — 北京 ：北
京工业大学出版社，2021.9 （2022.10重印）

ISBN 978-7-5639-8110-6

Ⅰ．①现⋯ Ⅱ．①曹⋯ Ⅲ．①翻译理论－研究 Ⅳ．
① H059

中国版本图书馆 CIP 数据核字（2021）第 203326 号

现代翻译理论与实践研究

XIANDAI FANYI LILUN YU SHIJIAN YANJIU

著　　者：曹　鑫
责任编辑：李倩倩
封面设计：知更壹点
出版发行：北京工业大学出版社
　　　　　（北京市朝阳区平乐园 100 号　邮编：100124）
　　　　　010-67391722（传真）　bgdcbs@sina.com
经销单位：全国各地新华书店
承印单位：三河市元兴印务有限公司
开　　本：710 毫米 ×1000 毫米　1/16
印　　张：10
字　　数：200 千字
版　　次：2021 年 9 月第 1 版
印　　次：2022 年 10 月第 2 次印刷
标准书号：ISBN 978-7-5639-8110-6
定　　价：68.00 元

前　言

　　进入 21 世纪以来，我国已融入经济全球化、知识信息化的浪潮，在以和平与发展为时代特征的地球村中扮演着越来越重要的角色，也面临着越来越多的机遇和挑战。随着我国与外国经济、文化等方面交流的增多，对外语尤其是英语方面的人才的数量、质量、层次和种类提出了更高的要求。英语已成为国际社会广泛采用的交流工具，越来越多的人将它作为第二语言进行学习和使用。目前，我国的英语教育需要进一步适应国家和社会迅速发展的需要，因此探寻更富有成效的英语教育路径与方法是时代赋予英语教育工作者的使命。外语学习和母语学习不同，外语学习缺乏直接且真实的语言环境，翻译则是母语学习和外语学习之间的桥梁。今天，翻译学已经是一个独立的学科，专门用于研究翻译理论和翻译现象。本书梳理并清晰地概括了翻译学的主要思想，并以英汉翻译为例进行具体论述，旨在帮助读者熟悉本学科内容及必要的背景知识和工具，以便开展自己的研究。

　　本书第一章为翻译概述，主要从翻译的含义、中外翻译发展史等方面出发展开论述。第二章讲述了翻译教学与翻译的常用技巧，主要从英语翻译教学研究、常用翻译技巧两方面展开详细论述。第三章为不同领域的翻译研究，对文学翻译、旅游翻译、广告翻译、商务翻译、科技翻译以及影视翻译进行了一定的分析。第四章为跨文化交际与翻译，主要从文化的含义、跨文化交际以及跨文化交际视域下的翻译实践三方面展开。第五章是互联网背景下的翻译发展研究，从机器翻译、语料库翻译两方面展开了论述。

　　在撰写本书的过程中，作者得到了许多专家学者的帮助和指导，参考了大量的学术文献，在此表达真诚的感谢。本书内容系统全面，论述条理清晰、深入浅出，但由于作者水平有限，书中难免会有疏漏之处，希望广大读者及时指正。

目 录

第一章　翻译概述

本章旨在向读者介绍翻译的基本概念和翻译学的发展趋势以及中外翻译发展史的相关知识。由于该领域的研究成果相当丰富，故仅选取一些代表性的文献和特定领域的翻译进行研究和梳理。

第一节　翻译的含义

一、翻译

（一）翻译的概念

为了让人们更加全面、深刻地了解翻译，也为了让译者能够更加出色地完成翻译任务，国内外一些学者都曾经对翻译下过定义，但这些定义并不完全相同。

国外的很多学者主要从等值或对等的角度来界定翻译。英国著名翻译理论家卡特福特从等值的角度来界定翻译，认为翻译就是在保证等值的前提下用译语文本去替换源语文本。

美国著名翻译理论家尤金·奈达坚持对等翻译观，认为翻译就是将源语文本呈现出来的风格以及表达的意义，用最自然、最接近的译语对等地体现出来。

也有学者从对等的角度来定义翻译，认为翻译是在实现意义对等的条件下将源语文本用译语文本进行替换。

国内的翻译学者在对翻译的描述上虽然有所差异，但是对翻译的本质的认识是基本一致的。有的认为翻译是用译语传递源语的内容，有的认为翻译是用译语传递源语的意义，有的认为翻译是用译语再现源语的世界。

沈苏儒从发送者和接收者的角度来审视翻译，认为源语文本是某一文化背景中的发送者发送的内容，而翻译就是用译语将这些内容传达给译语文化背景中的接收者。

张培基将翻译视为一种重新表达的语言活动，认为翻译就是用译语重新表达源语的内容。

冯庆华从语言形式的立场出发，认为翻译是用译语形式传递源语形式所携带的内容的一种语言活动，同时是一门创造性的语言艺术。

王宏印以译者和文本价值为切入点，指出翻译是以译者为主体，用译语准确转换源语，从而获得与源语类似的文献价值的一种创造性思维活动。

孙致礼基于文化发展的角度，提出翻译是用译语来揭示源语的意义，从而实现文化的交流与发展以及社会文明的进步。

谭载喜将翻译视为有艺术性质的技术，认为翻译是用译语来再现源语的意义的创造性过程。

张今从社会沟通的视角来界定翻译，认为源语文本反映了一种现实世界，翻译就是用译语来再现这种现实世界，进而实现两个语言社会的沟通，达到推动本语言社会的政治、经济和文化进步的目的。

综上所述，翻译从根本上讲就是两种语言的转换，在这个过程中译者要注意源语和译语的语言差异、文化差异，从而将源语的信息准确传递给译语读者。

英语中 translation（翻译）一词大约首见于 1340 年。在语言领域，translation 一词有下面几种意思。

第一，该学科或现象的通称。（I studied translation at university. 我大学修读了翻译。）

第二，翻译产品，即翻译出来的文本。（They published the Arabic translation of the report. 他们出版了该报告的阿拉伯语译本。）

第三，翻译过程，又称 translating（指翻译服务）。

两种不同语言间的翻译过程涉及用一种语言（源语或 SL）写成的文本（原文或 ST）转变成用另外一种不同语言（目标语或 TL）写成的文本（译文或 TT）：原文（ST）→译文（TT）；源语（SL）→目标语（TL）。

所以，当我们将一本操作指南由中文译成英文时，原文是中文，而译文则是英文，这类翻译就是结构主义语言学家罗曼·雅各布森所说的"语际翻译"。雅各布森发表过一篇题为《论翻译的语言学问题》的论文，对翻译产生了深远的影响。他将翻译分为以下三类。

第一，语内翻译，或称"重述"——将语言符号用相同语言的其他符号翻译；

第二，语际翻译，或称"严格意义上的翻译"——将语言符号以不同的语言翻译；

第三，符际翻译，或称"转换"——将语言符号以非语言符号翻译。

这些都是从符号学角度所下的定义。符号学是关于以符号和符号系统进行交际的普通科学，语言只是诸多符号中的一种。这里将符号学用来定义和分类翻译具有非常重要的意义，因为翻译并不总局限于语言之间。例如，在符际翻译中，书面文本就会被译成不同形式的文本，例如音乐、电影或者绘画。杰夫·韦恩 1978 年改编的著名音乐剧便是这样的例子。该音乐剧的原作是 H.G. 威尔斯于 1898 年创作的科幻小说《世界之战》，该小说后来在 2006 年经过改编后搬上了舞台。另外，顾伦德·查达哈于 2004 年将简·奥斯汀的《傲慢与偏见》改编成宝莱坞电影大片《新娘与偏见》，则是另一个符际翻译的实例。语内翻译则以同一种语言摘写或重写原文，例如重新编写儿童版的百科全书。在同一种语言中，以不同的方式表达也是语内翻译。

（二）翻译的过程

1. 理解

译者在翻译过程中的第一步就是分析和理解原文。译者只有将原文理解透彻了，才能进一步将源语文本转换成译语文本。理解是翻译中最关键的过程，同时也是最容易出现纰漏的过程。在理解源语文本的过程中，译者主要从以下三个方面来分析源语文本。

首先，分析源语文本的体裁。文本的体裁不同，对翻译的要求可能就不同。对于不同类型的文本，需要采用不同的翻译策略或方法，如文学文本的翻译要求译者在翻译的过程中发挥创造性，而商务文本的翻译对信息传递的准确性要求较高。分析了源语文本的体裁，也就是了解了源语文本的文体风格，译者就可以据此思考译语文本应采用的文体风格。

其次，分析源语文本的文化背景。翻译实际上就是一种跨文化交际活动。在跨文化交际中，交际双方必须清楚地了解对方的文化背景，否则就有可能产生交际冲突。同理，译者在翻译源语文本时也要了解源语的文化背景，只有这样，译者才能准确地理解原文，进而忠实地传递原文的信息，避免在翻译中出现文化冲突。

最后，分析源语文本的语言现象和逻辑关系。在分析了源语文本的宏观方面以后，就需要分析微观的语言和逻辑了。语言是源语文本的外在表现。语言现象不仅包括语音、语法规则、词汇构成等层面，还包括语义的层面，如一词多义、多词同义等。另外，每一种语言都是思维的反映，是实现思维、传达思维的工具，思维就是逻辑分析的方式。翻译既然是跨语言的转换活动，那么就应该属于语言逻辑活动。逻辑贯穿于翻译过程，译者不仅要通过逻辑分析来理解原文，更要通过逻辑方式来进行译语的表达。语言表达不能仅仅合乎语法规则，还要合乎逻辑，否则表达也就失去了意义。

总之，对源语文本的准确理解，应该涉及以上三个方面，缺一不可。

2. 表达

在翻译中，理解是表达的前提，表达是理解的终极目标。表达就是用译语来转换源语的过程。表达是否精准，在很大程度上取决于译者对源语文本的理解以及译者的双语语言能力。我国学者余光中指出，翻译作为一种心智活动，其中无法完全避免译者的创作。创作是创造性思维发挥作用的体现。在"互联网+"的时代背景下，新经济的发展以创新为驱动，而创造性思维作为一切创新成果的源头和内核更是重中之重。在翻译实践中，译者如果没有创造性思维，就根本不可能实现语言间的高质量转换。翻译过程中需要的创造性思维表现为译者能够认识到翻译难点，然后通过灵活运用各种知识，重新组织语言并形成恰当的译文。创造性思维的关键特色在于"奇"和"异"。具有较大难度的政论文本翻译更需要创造性思维的参与。

由于中、英两种语言具有不同的语言特点，并且归属于两种不同的文化，译者必须跳出源语文本的形式框架，用另一种语言来表达源语文本的语义，进而在双语文本之间找到共享结构，这个过程必定需要创新思维的参与。例如，中国数千年文化积淀而成的一些成语、古语、俗语、诗词和典故，无法在英语中找到对应结构，此时译者就需要通过发挥创造性思维，将深厚的中国语言文化的内涵准确地传递给译语读者。只有具有创造性思维的译者才能突破各种壁垒，使文化因子在交流双方之间顺畅流转。

3. 校改

校改是翻译的最后阶段。在翻译初步完成以后，译者还需要对译作通读一遍，以便发现问题并及时改正。对待翻译，译者不能因为对材料的熟悉和经验的丰富而有丝毫漫不经心的态度倾向。与浩瀚的世界相比，个人的认知还是非常有限的，个人的认知不可能触及世界的每个角落。译者的翻译能力再高超，翻译经验再丰富，也还是会犯各种错误。即使再认真的译者，也可能会犯错。在翻译中，译者再怎么仔细都不为过。因此，校改就非常有必要了。翻译的过程也就是不断检查和校改的过程。校改一般应注意以下几个方面。

第一，检查文章中重要的翻译单位是否有错误。

第二，检查文章中的标点符号是否有错误。

第三，核对译文的表述与目的语的表述是否一致。

第四，检查文章中的重要人名、专有名词、地名、数字等是否存在错误。

第五，检查译文中的常见翻译单位是否表述准确。

二、翻译学

在整个人类历史中，口笔译在人际交流中一直起着举足轻重的作用，在传达学术信息和宗教文献方面的作用尤为显著。随着国际贸易的增长，翻译的重要性也越发突显出来。然而，翻译研究成为一个学科则是 20 世纪下半叶才出现的。在英语世界里，这一学科现在被称为"翻译学"，这一切要归功于荷兰的美籍学者詹姆斯·S.霍姆斯。他在 1972 年发表的论文具有非常重要的意义，为翻译学划定了界限，但该文直到 1988 年才为人们所熟悉。霍姆斯认为，当时刚刚诞生的翻译学科主要关注的是"围绕翻译活动和翻译作品的各种复杂问题"。1995 年，翻译理论家玛丽·斯内尔－霍恩比的专著《翻译研究：综合法》第二版出版，在序言中她提到，翻译学作为一个完全独立的学科取得的惊人的发展，以及就此学科在国际范围内所进行的广泛的讨论。翻译理论家莫娜·贝克在首版《翻译研究百科全书》的引言中，花了大量的篇幅讨论"这一令人振奋的，或许是整个 20 世纪 90 年代唯一的新兴学科"，她认为这一学科内涵丰富，将众多较为传统的研究领域的学者聚到了一起。2010 年，再版的《翻译研究百科全书》便已反映了该学科所发生的巨大变化，并评述了"该学科关注的一些新问题，所呈现出越来越明显的多学科性趋势，以及摆脱其欧洲中心学源排外特点的同时并未背离过去数十年所取得的成就"。

翻译学变得更加引人注目，主要表现在以下四个方面。

第一，随着翻译的需求不断增长，专业口笔译本科和研究生培训课程也壮大了许多。这些培训课程吸引了成千上万的学生，目的是培训专业商务口笔译人员，这样的训练常被看作翻译行业的入门资格。以英国为例，学校里学习现代语言的人数在逐渐减少，然而始于 20 世纪 60 年代的口笔译研究生课程的情形则完全不同。

第二，过去数十年间，不同语言的翻译会议、著述和期刊层出不穷。

第三，随着上述出版物数量的增加，对选集、论文库、百科全书、手册等各种概论和分析工具书的需求也在增加，它们的出版数量出现了前所未有的增长。

第四，国际组织也迅速壮大。国际翻译联合会（简称"国际译联"）是由法国翻译学会及其主席皮埃尔·弗朗索瓦·卡依莱于 1953 年成立的。近年来，翻译学者聚到一起，形成了各种全国性或国际性组织，如加拿大翻译学协会、欧洲翻译学会、欧洲视听翻译研究协会、美国口笔译研究协会，以及国际翻译与跨文化研究协会。国际会议的数量也在不断上升，且议题广泛。20 世纪 80 年代初，翻译学相对其他学科而言仍是一股静流，如今已变成最活跃并不断发展变化的研究领域之一，令人感到振奋。

第二节　中外翻译发展史

一、西方翻译发展史

（一）翻译学早期历史

有关翻译的记述可以追溯到很久以前，翻译实践在文化与宗教的早期传播中起到了关键作用。在西方，多位学者曾就翻译方法问题展开讨论，其中包括西塞罗和贺拉斯，以及圣哲罗姆。他们的思想直到 20 世纪都具有深远的影响。以圣哲罗姆为例，他将《圣经》的《七十子希腊文本》译成了拉丁语，影响了后世对《圣经》的翻译。事实上，在西欧，前后一千多年，特别是 16 世纪宗教改革时期，圣经翻译一直是不同意识形态冲突的战场。

虽然翻译实践历史悠久，但翻译研究到 20 世纪后半叶才发展成一门学科，在此之前，翻译往往仅被视作语言学习的一部分。确切地说，自 18 世纪以来，许多国家的语言教学一直沿用所谓的语法翻译法。这种方法起初用于学习古典拉丁语，后来用于现代外语的学习，强调对语法规则和句型结构的死记硬背，再通过翻译句子来练习和测试。这些句子通常是专门设计的，仅用来体现所学的语言结构，彼此间毫无关联。

翻译与语言教学的结合在一定程度上解释了为什么学术界会轻视翻译。翻译练习被视作学习新语言的途径，或者作为在尚未能阅读原文之前了解原文内容的方法。故此，自 20 世纪六七十年代以来，随着直接教学法和交际教学法的兴起，语法翻译法越来越遭人诟病。交际教学法强调学生学习语言的本能，努力在课堂复制"真实"的语言学习环境。该方法往往更侧重学生的口头表达能力，而非笔头表达能力，至少在教学早期如此。而且一般避免使用学生的母语，因此，语言学习完全抛弃了翻译。自此，就教学而言，翻译更多地局限于高级和大学语言课程中，或者专业的翻译培训中，只是到近年来才在语言教学中重新使用翻译。

翻译也是对比语言学的研究对象。该学科主要针对两种语言进行对比，试图找出两者间的一般和特殊差异。自 20 世纪 30 年代起，对比语言学在美国发展成为系统的研究领域，20 世纪 60 年代和 70 年代为其鼎盛时期。翻译作品及翻译实例为这些研究提供了大量的数据。这种对比的方法虽然没有融合社会文化和语用元素，也没有充分吸收翻译作为交际行为的思想，但它对一些重要的语言学翻译研究，如维奈和达贝尔内及卡特福特的理论产生了重大的影响。长期以来，翻译学研究一直沿用语言学研究模式，这本身就表明语言学与翻译之间存在着固有的联系。在所采取的具体模式中，有生成语法、功能语言学以及语用学。更具系统性的语言学方法在 20 世纪 50 年代、60 年代开始出现，其中一些研究如今已经成为经典。例如：

维奈和达贝尔内合作出版了《法英比较文体学》，对英语和法语进行对比，并首次提出了用于描述翻译的一些关键性术语。这部著作 1995 年才被译成英语。

阿尔弗雷德·马尔布朗针对英语和德语翻译做了同样的研究。

乔治·穆南出版的《翻译的理论问题》探讨了翻译的语言学问题。

尤金·奈达吸收了乔姆斯基当年非常时髦的生成语法，作为其著作的理论基础。他的这些著作最初是《圣经》译者的翻译指南。

（二）20 世纪 70 年代以来的发展

20 世纪 70 年代以来翻译学发展迅速，对比语言学一度受到了冷落，但由于语料库翻译研究取得的成就，又重新受到了关注。以语言学为导向的翻译"科学"在德国仍然异常兴盛，但与之紧密相关的对等概念受到了质疑，并不断更新。德国兴起了围绕文本类型和目的进行研究的翻译理论。在澳大利亚和英国，多位学者将其理论应用于翻译研究，如贝尔、贝克、哈蒂姆和梅森、卡尔扎达·佩雷斯、芒迪。20 世纪 70 年代末至 80 年代，源于比较文学和俄国形式主义的描述性翻译研究开始兴起。特拉维夫是开创此研究的中心，在这里伊塔马·埃文-佐哈尔和图里倡导文学多元系统的理论，该理论强调不同文学和体裁之间，包括翻译文学和非翻译文学可相互竞争，争取主导地位。这些多元系统学者与比利时的一个研究小组紧密合作，包括何塞·朗贝尔和安德·勒菲弗尔，同时与英国学者苏珊·巴斯内特和西奥·赫尔曼斯联系也很密切。其中一部重要文集是由赫尔曼斯编著的《文学的操纵：文学翻译研究》，因此才有了"操纵学派"这个名称。后来巴斯内特和勒菲弗尔共同编著的《翻译、历史与文化论集》又引入了"文化转向"一词，这个动态的、以文化为导向的研究路径主导了之后十年的翻译研究。

20 世纪 90 年代出现了一批崭新的研究方法和概念，包括以雪莉·西蒙为领军人物的加拿大翻译与性别研究、埃尔斯·维埃拉倡导的巴西食人主义学派、杰出的孟加拉国学者特贾斯维莉·尼南贾纳和佳亚特里·斯皮瓦克推动的后殖民翻译理论。在美国，劳伦斯·韦努蒂从文化研究角度分析翻译，呼吁更加彰显译者身份，认可译者的贡献。

后现代主义哲学是一种哲学思潮和哲学体系，后现代主义翻译教学思想就是基于后现代主义哲学发展而来的。"后现代"并不是指"时代化"意义上的一个历史时期，而是指一种对"现代主义"或"现代性"的反思，是对一些不言自明的主流社会观念的质疑，是一种崇尚多元性和差异性的思维方式。罗斯玛丽·阿罗约认为，在翻译教学中，只讲解标准、权威的专家译文不利于培养学生的翻译能力，要尊重学生的个性，因为学生在阅读和翻译上存在一定的差异性和多样性。但阿罗约的论述仅停留在理论层面，她没有深入课堂实践，没有针对教学中的一些具体问题提出较可行的执行策略或方案。与阿罗约的观点不同，后现代翻译教学观的另一位代表人物道格拉斯·罗宾逊认为，译者对文本做出的直觉反应既受个体因素的影响，也受译者所在文化的制约。基于这种观点，翻译教学应注重培养学生的直觉反应，教师应创设一些尽可能接近于真实翻译过程的情境，让学生在这种情境中学习如何解决翻译中的各种问题，最终培养学生对正确的翻译策略、好的译文的直觉反应。也就是说，翻译教学的目的就是通过创设真实的情境，帮助学生构建对翻译的个体体验，形成思维习惯和直觉反应。

虽然阿罗约和罗宾逊的教学思想有不同的侧重点，但他们两个都解构了教师的权威性和专家译文的权威性，强调注重培养学生的自我观念，突出对学生个体差异的尊重。

进入新千禧年以后翻译学发展的速度就更快了，而且特别关注翻译社会学、翻译历史学、翻译培训，以及翻译过程导向的研究。新科技给翻译研究和翻译实践都带来了革命性变化，包括视听翻译、本地化以及基于语料库的翻译研究等新领域的出现。此外，翻译学也扩展到许多其他国家和地区，尤以中国和阿拉伯世界最甚。

2000 年，唐纳德·基拉利提出了社会建构主义翻译教学理论。社会建构主义是当代西方社会科学哲学的一股重要思潮，认为知识是社会群体互动和协商的结果，个人可以通过与他人的互动与协商，主动建构起自己对客观世界的认知，并形成知识体系。换句话说，知识的获得并不是一个被动的过程，而是认知主体通过协商主动建构起来的。

翻译活动是一个过程，该过程是动态的，它的体现形式并不是最终的产品——译文。因此，我们可以说，翻译教学并不是知识性的教学，仅靠教师知识性的灌输并不能让学生对翻译活动有深刻的体验。翻译活动至少包含四个方面——译前准备、翻译、译后编辑和校对，每个方面都需要学生在模拟的翻译项目中通过相互交流主动建构起自己对翻译活动的认知，并形成知识体系。

以前，译员只是作为一个个体向客户提供语言服务，而现在，译员作为一个群体向客户提供语言服务。很多项目需要多位译员合作才能完成。因此，在训练时，教师的任务之一就是要让学生懂得译员不仅要理解并且完成一项翻译任务，而且要在一个专业的团队中根据团队的规范和预期来完成这项任务。让学生了解、体验自己的社会角色是翻译教学一个必不可少的环节。

即使学生掌握了翻译知识和技巧，也不一定能够较好地完成具体的翻译任务。因为翻译知识和技巧的知识结构与很多学科的知识结构不同。多数学科的知识结构体系比较固定、清晰，不会轻易发生改变。在解决问题时，按照知识体系的结构逐层分析会有很大的帮助。但翻译知识和技巧的知识结构体系既不固定，也不清晰，并且会随着具体情境的不同而发生变化。在翻译实践的过程中，译员更倾向于综合运用各种翻译技巧，而不是借助知识体系的框架结构去逐层分析。

无论是知识体系的构建，还是社会角色的培养，都离不开互动与协商，离不开团队协作，可以说，基拉利提出的社会建构主义翻译教学理论正好契合了翻译教学的这一特点。

二、中国翻译发展史

我国翻译活动大致经历了四个不同的发展时期，即古代、近代、现代、当代，又可以细分为如下五个发展阶段。

（一）第一阶段：春秋战国至明末清初

中国最早的比较正规的翻译出现在春秋战国时期，《周礼》中有言："通夷狄之言曰象；胥，其才能者也。"意思就是精通少数民族夷狄语言的人称为

"象"，因此可见在当时"象胥"实际上就是现在翻译官的角色。隋代至唐代是我国佛经翻译事业发展的鼎盛时期。玄奘西行印度十七年，所做的主要工作就是翻译佛经，他总共翻译了佛教大小乘经论 75 部 1335 卷，共计 1000 多万字。玄奘的译作从数量和质量上都达到了中国佛经翻译史上的高峰。佛经的翻译自后汉至宋代，历时 1000 多年。北宋初期还有翻译活动，以后便逐渐衰微。它的重新兴起始于明代永乐五年。那时由于对外交通的需要，创立了四夷馆，培训翻译人才。明代末期，西学东渐，翻译工作更加活跃。但此时翻译的方向已完全改变，不再是翻译印度的佛经，而是翻译欧洲的天文、几何、医学等方面的典籍，中国翻译史已达到了一个新的阶段。

（二）第二阶段：清末至"五四"以前

清末翻译界最重要的代表人物是资产阶级启蒙思想家、翻译家严复，他常借西方著名资产阶级思想家的著作表达自己的思想。他的贡献不仅在于翻译实践，更重要的是他根据我国古代翻译佛经的经验，再结合自己的翻译实践，在《天演论》卷首的《译例言》中提出了"信、达、雅"的翻译标准。

（三）第三阶段：五四运动至 1949 年中华人民共和国成立

这一时期的题材开始涉及马列主义经典著作和无产阶级文学作品，如《共产党宣言》。译文形式由白话文代替了文言文。

（四）第四阶段：1949 年至 1976 年

其主要特点包括：
①翻译工作开始具有职业化的组织性和系统性；
②翻译由外译汉翻译变为汉外兼顾的双向型翻译；
③翻译作品的质量大大提高；
④翻译标准日趋统一。

（五）第五阶段：1976 年至今

在这一阶段，翻译事业进入了新时期。翻译工作成了多方位、多层次的交际媒体，翻译质量进一步提高，题材扩大，形式繁多，包括口译和笔译，并出现了机器翻译。

改革开放时期，我国的翻译工作达到了有史以来的顶峰，特别是对西方文化的介绍，不仅思想、理论和文学方面的译介工作搞得有声有色，而且在译介西方的经济建设和科技发展信息方面也成果颇丰，大大推动了我国的现代化建设事业。

　　这一阶段有重要影响的是北京大学文学翻译教授，被称为"将中文诗词翻译为英、法韵文唯一专家"的许渊冲先生。他认为："中国文学翻译理论是全世界有史以来运用最广、水平最高、作用最大的翻译理论，是我国争办世界一流大学、出版世界一流文学作品的先声。全世界有 10 多亿人在用中文，又有 10 亿人在用英文，所以中文和英文是全世界用得最多的文字，中英互译是全世界最重要的翻译。不能解决中英互译问题的理论，不能算是具有国际水平的译论。20 世纪以前，没有一个西方学者出版过一本中英互译问题的文学作品，因此，不可能提出解决中英互译问题的理论。"他在其著作《翻译的艺术》一书中，根据自己长期从事文学翻译，尤其是诗歌翻译的亲身实践，提出了"中国学派的文学翻译理论"，主要包括：优化论、三势论、三似论、三美论、三化论、创译论、艺术论。

　　"优化论"是相对于"对等论"而提出来的。优化论和对等论的不同之处：对等论认为文学译文应该用对等的译语表达方式；优化论认为文学译文应该用最好的译语表达方式。如果对等的方式就是最好的方式，那么，优化论和对等论是相同的；如果对等的方式不是最好的方式，那就要舍"对等"而取"最好"或"优化"。换句话说，对等论重真（或似，或忠实）；优化论重美（文学语言）。"真"是文学翻译的必需条件，是个对错问题，不真就不对，真却不一定好，所以只是一个低标准；"美"是文学翻译的充分条件，是个好坏问题，不美的译文不一定算错，但美的译文却是更好的译文，所以是高标准。

　　"三势论"是指发挥译语优势，改变劣势，争取均势。优化论就是发挥译语优势论。两种文字有时可以对等，那是均势；如果不对等，一种文字就有优势或强势，另一种文字也就处在劣势或弱势的地位。具体说来英汉两种文字各有优势，各有劣势。中文的优势是精练，含义丰富，成语典故较多，结构有四字词组等；英文的优势是精确，逻辑思维严密，语法结构清楚，有关系代词等。因此，在翻译的时候，应该尽可能发挥译语的优势，改变劣势，争取均势。

　　"三似论"：形似、意似、神似。对等论基本上可以说是形似论，奈达的动态对等论可以算是意似论，而优化论却可以包括更高级的神似论。

　　"三美论"：意美、音美、形美。优化的译文，就是具有意美、音美、形美的译文，特别表现在诗词翻译中。

　　"三化论"：等化、浅化、深化。传达原文的意美，包括达意和传情两方面。传达原文的"三美"可以用"三化"的方法，即等化、浅化、深化。所谓等化，包括形似对等、意似的动态对等、词性转换、正说反说、主宾互换、主动被动互换、同词异译、异词同译、典故移植等。所谓浅化，包括一般化、抽象化、减词、合译、化难为易、以音译形等。所谓深化，包括特殊化、具体化、加词、分译、以旧译新、无中生有等。

"创译论"：最高级的深化论。从解构主义的观点来看，所谓的"对等翻译"是不可能的，只要赋予新的意义就是创译。

"艺术论"：许先生认为，文学翻译不可能不受译者的思想的影响，所以翻译不是科学，而是艺术，因为"科学包含客观的真理，不受个人思想和感情的影响"。科学研究的是"真"，艺术研究的是"美"；科学研究的是"有之必然，无之必不然"之理，艺术研究的是"有之不必然，无之不必不然"之艺。如果用数学公式来表达，科学的公式是 1+1=2，3-2=1；艺术的公式却是 1+1>2，3-2<1。文学翻译可以意似（近真），公式是 1+1=2，但译文也可以是形似而不意似（不真），公式是 1+1<2；还可以是神似（近美），公式就是 1+1>2。意似是个对不对、真不真的问题，不对不真，不能算是翻译；神似却是个好不好、美不美的问题，对而不好，真而不美，可以算是翻译，但不能算是文学，又对又好，又真又美，才能算是翻译文学。"真"是文学翻译的最低标准，"美"才是文学翻译的高标准。如果真和美没有矛盾，能够统一，那自然最好、最理想，但在中英互译的现实中，求真和求美往往是有矛盾的，不过矛盾的大小、多少不同而已。

解决文学翻译中求真和求美的矛盾不是定型、定量的科学方法可以做到的，因此，文学翻译理论也是一门艺术。

在此时期，还有众多翻译大家，如叶君健、王佐良等。他们为中英翻译理论的发展起到了积极的作用。

叶君健是一位著名的翻译家。他翻译了毛泽东的《论持久战》和其他作品，这是毛泽东作品第一次在国外以英译本形式正式出版流传。他还翻译了大量的外国文学作品，包括安徒生童话等。叶君健先生一直注重翻译中译者的主体性和创造性。在他看来，文学翻译不仅是翻译问题，还受文化认同、文化和翻译思想立场等翻译的趋势和功能因素的影响。在《翻译也要出"精品"》中，他阐述了他的"精品"理论，并特别强调了"翻译人格"和"人格翻译"。"精品"理论是他留给翻译界的最后一笔财富，也是他一生翻译经验的成果。

王佐良是现代翻译理论的先驱。王佐良多次强调他的观点，即翻译是原创的灵魂，必须忠实于原文。这一观点完全符合西方当代翻译学派的目的论。在1984 年和 1985 年，王佐良发表了两篇关于文化比较的文章，分析了翻译和文化之间的密切联系。

第二章 翻译教学与翻译的常用技巧

根据教育部批准实施的《高等学校英语专业教学大纲》的教学要求，在六级（相当于第六学期结束）对翻译课程的单项要求是初步了解翻译基础理论和英汉两种语言的异同，并掌握常用的翻译技巧，能将中等难度的英语篇章或段落译成汉语，译文忠实于原文，语言通顺。本章主要从英语翻译教学研究以及常用的英语翻译技巧两方面进行了深入论述。

第一节 英语翻译教学研究

一、学生的英语翻译素质现状

（一）学生个体素质的差异性对翻译教学的影响

可以这样说，虽然大学英语是每一位在校大学生都要学习的一门功课，但是学生个体的英语水平参差不齐，因此在进行翻译教学的时候就产生了不同的教学要求。可以肯定地说，对于翻译教学的结果来说，学生的英语水平起着决定性作用。这并不是说英语水平高的人翻译水平也高，翻译出来的作品也具备高水准。事实上，要想翻译出一份质量好的作品，学生不仅要具备很高的英语水平，还要具备相应的词汇功底和储备，并在书面语、阅读和听力等方面具备较高水平，只有这样才能在翻译的过程中将原文的含义最大限度地表现出来，以达到预期的教学目标。反之，英语水平较低的学生，翻译出来的作品自然就水平有限，很难达到预期的翻译教学目标。

（二）学生的英语功底现状

1. 学生英语功底不扎实

首先，相当一部分学生在英译汉的实践过程中，难以对英语原文的含义或引申义进行全面和合理的解释或理解，这种障碍的存在导致的结果就是翻译出来的句子会引起读者的误解。

其次，学生在翻译实践中的词序或语序问题。由于受到英语句式及词序搭配的影响，学生在翻译表达的过程中可能会出现很多不符合中文表达习惯的译文，影响翻译的结果。

最后，长难句分析的问题。在英语中，经常能看到一些句型比较复杂、排列较长的句子，这在翻译实践中是重点和难点。在翻译的过程中，一些学生难以厘清英文长句的主从关系和修饰关系，无法正确翻译为汉语的正确语句。

2. 学生对英语文化不甚了解

目前，我国仍有部分学生对英语文化知识的了解不足，这是造成他们在进行英译汉翻译时出错的重要原因。

二、翻译教学中几种关系的处理

（一）师生关系

1. 组织者与参与者

教师是课堂活动的组织者，学生是课堂活动的参与者。虽然组织者与参与者这两个词听起来与传统课堂上的师生关系有相似之处，但两者却有本质上的差别。

首先，传统的课堂以教师为中心，教师是课堂的主导，是课堂的决定者。学生处于被动的地位，只能学习教师在课堂上讲授的知识。其次，在传统课堂中教师是知识和真理的储藏库，他们决定一切、评判一切；最后，在传统课堂上，师生之间缺少互动，师生之间的交流基本上是单向的。即使有少量的互动，也属于单向交际——学生回答教师提出的问题，通常情况下学生之间很少有交流。

而在当代的英语课堂中，教师应当是组织者。教师不再是课堂的主导，他要做的是为学生的英语学习创设不同的情景，并组织、安排、控制好课堂教学的各个环节。在各个教学环节中，学生也不再处于被动的地位，他们变成了主动的参与者，可以积极地参与各个环节的教学活动。

在当代英语课堂中，首先，为了完成教学活动中提出的任务，他们要主动学习知识，找到多种解决问题的方法。其次，学生可以选择学习哪些知识以完成教学任务，在遇到问题时，教师并不是唯一的求助对象，解决问题的方法也不只有一种。教师可以帮助学生解决问题，引导学生找出自己的不足，但教师不再是最终的裁判。最后，教师组织的课堂活动要鼓励师生、生生之间通过交流、合作来互相学习、合作完成。师生、生生之间的交流不是单向的，而是双向的。

教师是组织者，学生是参与者，课堂的中心是学生而不是教师。以学生为中心的课堂注重学生交际能力的培养，因为英语学习活动本身就是一种交际，译者要有交际意识，要考虑到影响交际的各种因素。以学生为中心并不是说放任学生自流，教师仍是课堂的组织者，其任务是让课堂教学的各个环节顺利进行，并能达到预期的效果。如果发生偏离轨道的情况，教师需要将教学环节引向正轨。教师就像一场会议的主办方，而学生则是参会者。主办方的任务是为保证会议的顺利进行提供各种条件，而会场的主角是参会者。

2. 引导者与学习者

教师是学生进步的引导者，对学生负有引导的责任。学生虽然是课堂教学的主角，但他们的学生身份没有改变，他们仍然处在学习的阶段，需要教师的科学引导才能完成学习任务。

作为引导者的教师需要了解英语能力的相关理论，例如最邻近发展区理论，以及英语能力的构成要素、理论模型、获得顺序及阶段等，并根据理论及学生的特点设计出恰当的教学内容和教学任务。教师需要考虑如下四个因素。

第一，教学内容和教学任务要遵循最邻近发展区的原则，确保内容和任务之间的连贯性与延续性；

第二，英语教学任务的设计要体现出交际性，为学生创设互动的背景；

第三，控制好每个环节所需要的时间；

第四，设定英语教学任务完成时应达到的标准，并及时给出反馈。

3. 评估者与进步者

教师设计的教学内容与课堂活动并不是一成不变的，也不总能适用于所有的学生。教师需要根据学生的完成情况及时对下一环节进行调整。科学调整要建立在教师对学习进程恰当评估的基础之上，评估之后还要把结果及时反馈给学生，这样才能帮助学生不断进步。

教师评估的内容主要包括以下四个方面。

第一，教学内容是否适合学生英语能力的发展阶段；

第二，学生完成任务的质量是否达到了预期标准；

第三，学生出现错误的原因是什么；

第四，帮助学生改正错误的教学内容是否适合学生。

总而言之，科学技术的发展推动了课堂教学改革，学生接受教育的场所不再局限于课堂，教师也不是他们获得知识的唯一源泉。传统的以教师为中心的课堂对学生的吸引力逐渐减弱，再加上英语人才的培养不再讲求知识性的灌输，而是看重英语运用能力的提高，这些因素都迫使教师转变角色。

当代的大学英语教师应该是课堂的组织者，为学生组织各种互动学习任务，让他们在师生、生生交际中掌握各种知识，提高自身的英语能力；当代的大学英语教师应该是课堂的引导者，设计各种培养英语能力的教学环节，并在课堂教学的实施过程中严格把控，帮助学生完成学习任务；当代的大学英语教师还应该是学习效果的评估者，对学生的表现进行科学评估，并把评估结果及时反馈给学生，推动学生不断提高自身的英语能力。

（二）教学与实践的关系

传统的翻译教学重视翻译的结果，但忽略了翻译的过程。教师会根据学生的译文判断他们对原文是否有正确的理解，还会判断学生的译文是否流畅，文笔是否优美。教师的心目中似乎总有一篇最完美的译文，学生的译文似乎离此总有一段距离，因而教师会指出学生译文中许多不完美的地方。这种教学模式容易让学生产生挫败感，因为不管怎样努力，也无法达到教师心中的标准，学生在翻译课上感受不到自己的进步，因此很难获得成就感。

1. 教师的实践是教学符合标准的基础

翻译专业与语言文学专业的培养目标不同，这决定了两类专业的任课教师，特别是高年级专业课的任课教师，需要满足不同的条件。翻译专业的教师除了需要具备语言文学专业教师的能力和素质之外，还需要有翻译实践的能力、经历和经验，同时还要与千变万化的翻译行业接轨，熟悉翻译市场。简单地说，翻译专业的教师既要完成教学和科研任务，同时还要完成翻译实践任务，教学、科研、实践三方面并重。教师自身有翻译实践经验，是翻译师资的硬指标，是培养应用型翻译人才的必备条件。

为了满足教育部对翻译师资的硬指标要求，有些高校已经将翻译教师实践量列入了上岗的必备条件，并且定期考核。还有些学校对翻译师资实行"双证"制度，也就是说翻译教师必须同时持有高等教育的教师资格证和全国翻译专业资格（水平）考试（以下简称 CATTI）二级笔译或口译证书。这些举措的目的都是鼓励教师参加翻译实践，以满足教育部对翻译师资的基本要求。

2. 教师的实践是教学与时俱进的保障

翻译教师有丰富的实践经验，才能更好地让翻译教学从以教师为中心过渡到以学生为中心。在以学生为中心的课堂上，学生有更多的自主权。例如，授课材料的选择权并没有完全掌握在教师手中，学生也可以根据自己的兴趣进行选择。在学生挑选了翻译材料之后，如果教师并没有相关的实践经验，就不能给出相应的译前指导。当学生在翻译的过程中遇到因缺乏背景知识或不熟悉术语而产生的问题时，教师不能给出恰当的解决方案。如果教师没有相关的实践经验，也可能无法对学生的译文做出较客观的评价，甚至会做出错误的评价。

只有拥有丰富的实践经验，翻译教师才能做好探索译者大脑机制的研究工作和教学工作。翻译是一种隐秘的认知活动，外人能看到译员译出来的文字，却观察不到译者的各个思考环节，而弄清译员的思维机制对提高翻译教学质量有很大的帮助。国外翻译教学领域的学者已经使用有声思维的方法研究译者在翻译过程中的思维机制，并对其进行分析，找出译者在翻译过程中的思维机制规律。除了可以把其他学者有关有声思维的研究成果应用于课堂教学之外，有丰富实践经验的教师本身就是有声思维最好的研究对象，他们可以把自己在翻译实践过程中解决难题时的思维方式直接传授给学生，让学生掌握类似的思维方法并结合实际的翻译任务加以运用，以此提高学生的翻译水平，提高翻译课堂的教学效率。

翻译教学还要跟进翻译市场的发展变化。中国与世界的联系日益密切，中国加入 WTO、成功举办奥运会和世博会等大事件都推动着翻译行业的迅猛发展，这种发展主要体现在两个方面：体裁和技术。翻译任务的体裁已由之前的以文学为主转变为以非文学为主。翻译技术的发展更是日新月异，以前的译员多是单打独斗，而现在多为团队合作。为了让团队合作顺利进行，各种翻译软件和管理平台层出不穷。翻译专业的教师不仅要熟悉当前翻译市场的热门翻译体裁，更要熟悉翻译技术，而这些都离不开丰富的翻译实践经验。

3. 学生的实践是教学内容的组成部分

翻译活动没有法则和公式可以套用，学习者也无法简单地将各种翻译知识图式化，因此，翻译活动所需要的知识属于结构不良领域的知识，对这一领域知识的讲授应主要以对知识的理解为基础，并通过师徒式的引导来进行；学习者需要在解决具体问题的过程中逐渐掌握这种结构不良领域的知识。翻译活动所需要的知识属于结构不良领域的知识，为了提高学生的翻译能力，教师的授课内容不能仅限于已有的译文，而是要以学生的翻译实践为主要内容。只有通过真实的翻译实践活动，学生才能逐渐建立起各个知识点之间的联系，从而针对具体问题做具体分析。

翻译实践的设计可分成四个阶段：译前阶段、理解阶段、译中阶段和译后阶段。译前阶段主要是创设一些情境，原文与译文的用途、译文的具体要求、平行文本的文体特征。其中，原文与译文的文体特征、原文与译文的篇章结构等情境因素影响着翻译活动的各个阶段。理解阶段是翻译的重要阶段，对原文正确的理解是译文成功的前提条件之一。在理解阶段，教师主要帮助学生解决原文理解中的问题，涉及术语、文化知识、认知图示等，并指导学生利用阅读技巧提高翻译效率和质量。翻译阶段主要关注译文的语言质量，例如，如何处理负迁移以及翻译中遇到的表达难题，如何在词汇、短语和句子层面体现译前阶段创设的翻译要求，以及如何确定宏观翻译策略等。只有学生真正地进行翻译实践时才能掌握这些知识和技能。译后阶段主要包括译后编辑、校对和反思。译后编辑能够训练学生在实践中掌握各种处理文档的技巧，并按照客户的需求处理文档；校对和译后反思有助于培养学生的职业意识，树立职业信心，培养学生综合考虑各种因素并做出专业判断的能力。

4. 学生的实践是检验教学质量的指标

《翻译本科专业教学质量国家标准》给出了多个层次的详细的教学质量标准，其目的就是要保证翻译专业的教学质量，其中一条就是重视实践环节、加大实践量："翻译本科专业的教学需要处理好理论教学与实践教学的关系……要加大口笔译实践教学的比重，培养学生的创新意识和实践能力。"

在就业层面，翻译专业的毕业生直接与翻译市场对接。CATTI 考试侧重考查翻译实践能力，是译员通向翻译市场的敲门砖。没有做过大量翻译实践的译员，是很难通过该项考试的。目前，很多学校非常重视翻译专业本科生和研究生的翻译实践质量，要求学生参加 CATTI 考试，甚至还会非常重视 CATTI 考试的通过率。就像四六级考试的通过率是检验英语专业教学质量的指标之一，CATTI 考试的通过率是检验翻译专业教学质量的指标之一。有很多翻译本科专业的学生在毕业之前已经通过了 CATTI 三级口 / 笔译考试，甚至是二级口 / 笔译考试，大部分翻译硕士研究生在毕业之前已经通过了二级口 / 笔译考试。

走向职场之后，翻译专业毕业生的翻译实践质量直接决定着他们的发展前景。随着中国国际地位的提升，国际交流日益频繁，需要有更多的专业翻译人才参与到国际交流之中。翻译行业比较特殊，行业的发展对人才的依赖程度比较高。译员的口碑非常重要，只有与客户建立了合作关系，得到了对方的认可，才有可能发展为长期的合作关系。利益最大化是企业追求的目标，因此对翻译公司而言，译员的选择至关重要，必须以译文质量为先。所以，翻译专业毕业生的译文质量直接决定着他们的就业前景，而毕业生的就业前景也直接反映了翻译专业教学质量的好坏。

三、英语翻译教学研究的理论基础

（一）认知语言学理论与翻译教学

作为语言学中的一个比较新的理论，认知语言学认为，相对于人类掌握的其他能力来说，语言能力的独立性并不是非常强烈的，它与人们掌握的其他能力关系密切。

认知语言学在对人类认知共通性进行充分承认的基础上，对不同民族语言的特殊性也进行了深入的研究，认为不同民族存在不同的认知特点，这自然会对该民族的语言产生不同程度的影响。因此，在翻译教学的实践过程当中，要格外重视学生的实践过程，只要实践过程完成得顺利，学生的翻译水平以及相关的语言能力自然会得到提高。

认知语言学认为翻译过程与其他任何一个实践过程都不一样，要以原文为生产基础，是一个再生产的过程。译者要尽可能将原文解释得合理，合理是这个过程的主要目标。

认知语言学的建立基础是体验哲学，所以对于翻译来说，认知语言学更加注重译者的具体实践和表现。实际上，翻译的本质就应如此，但由于观念的不同，这个本质始终没有得到相应的重视。当然，这里所说的重视翻译实践的过程并不意味着对译者的主观思考进行抑制，而是说译者在进行翻译实践的过程中要受到原文思想和语言的相关限制。

因此，当认知语言学对当前的翻译教学进行指导、对当前的教学方式进行审视的时候，其意义就非常深远。与此同时，翻译教学的实践也因为认知语言学而打开了一个新的视角，这对于翻译教学中的教师和学生来说，都是一种新的思维方式。

认知语言学理论对翻译教学有重要的启示。我们知道，从事翻译工作的主要群体就是翻译工作者，而翻译中认知语言学的关注点就是在翻译活动中译者对整个翻译过程的认知活动。通常我们可以将这个过程分为三个阶段，即经历的体验、认知和再现。

对于认知语言学在翻译教学中的作用，有很多学者提出了各种不同的观点。有的学者认为翻译的过程实际上就是一个创造的过程，在这个创造的过程当中要兼顾作品的和谐性和语篇性；也有学者认为翻译的世界不仅包括现实存在着的世界，还包括人们认知中的世界等。相关的表述多种多样，但无论如何，这些学者拥有相同的出发点，即认知语言学并非是一个单一学科，而是一个综合性学科。

（二）建构主义理论与翻译教学

在建构主义教学模式中，学生依然是教学活动的中心，教师在整个教学活动实施过程中的主要作用就是组织、指导、帮助和促进。

同时利用各种环境和方式方法对学生的学习活动进行调动与激发，使学生的主动性和创造性发挥到最大，最终达到预设的教学目的，也就是学生能将所学到的知识发挥到最大程度，这就是建构主义教学模式的核心。对于当前环境中的翻译教学来说，建构主义教学模式不仅具备一定的针对性，还具备重要的指导意义。

1.建构主义理论与翻译教学的联系

建构主义理论是近年来广泛应用于西方国家的一种新兴的教学理论，它也是在认知学习理论基础上衍生出来的一种学习理论，是认知学习理论的一个重要组成部分。对于建构主义理论来说，它更注重内在层面的学习过程，认为建构完备的心理需要通过学习来完成。不管是获得知识还是获取技能，仅仅通过教师的讲授是远远不够的，还要通过学生自己的体验和实践。学生以原有的知识和经验为基础，在一定的环境下利用他人（可能是教师也可能是同伴）提供的帮助，通过对工具的合理利用，掌握相关的知识与技能，这就是实践中的一种意义建构。

而以此为基础的翻译教学，尤其是教学课堂中，学生的角色也发生了颠覆性改变，学生不再被动地接受知识和翻译技能，而是成为课堂的中心、课程的主人。

根据以往积累的知识和经验，学生完全能够左右课堂中的知识学习。对于翻译知识和技巧的提升，学生可以通过多个途径来获取，这些途径包括学生之间的讨论、具体的实践以及团队合作或信息的再加工等，通过这些方式，学生的主观能动性得到了充分的调动，相关的知识和技巧也得到了充分的挖掘和提升。学生在具体的环境中对相关的翻译知识和技巧进行理解和同化，最终实现有关翻译知识的意义建构。

2.建构主义理论对翻译教学的启示

（1）在知识建构中激发学生的认知主体作用

在任何一项翻译实践中，实用性都是翻译活动要遵循的一个重要原则。这对于正在翻译学习中的学生来说是尤为重要的。由于在建构主义理论教学中学生是教学活动的主体，翻译教学自然也不例外。为了尽可能在翻译实践中得心应手，学生就要充分调动自己的主观能动性，积极参与翻译的实践，尽最大可能去探索未知领域并获得知识。

与此同时，教师也应当适应新时期的教学角色，从知识的传播者和灌输者向引导者和组织者转变。学生身份的转变并不是说学生可以为所欲为，而是要从知识的奴隶逐渐转变成知识的主人，并在此基础上对知识进行深度挖掘，最终将知识串联起来，也就是知其然也知其所以然。

在翻译的实践过程中，由于之前的知识积累和经验总结，学生会对原文产生不同的理解，建构起不同的意义。翻译课堂上教师的一个重要任务就是帮助学生建立相关的知识体系，同时要促进学生去激活这些知识。通常上课之前的准备活动就可以完成这一阶段，当然，课堂中教师的讲解和提示也是完成这一阶段的重要手段。另外，学生可以通过一些别的渠道获取与课文相关的资料和知识，例如网络等途径，从而使自己的知识完善。

（2）在知识建构中发挥教师的"中介"作用

在传统的教学当中，人们总是凸显教师在课堂上的作用，从一定意义上讲，教师主导着传统的教学活动，因为从古至今，教师的作用就是传道、授业、解惑，这就奠定了教师课堂上的主导地位。

换言之，在课堂上或者说在知识领域中，教师的权威性不容置疑。但也正是这种权威性的存在，这种强制性灌输知识的方式的存在，对于学生在学习知识上的积极性和创新性来说是重大的打击。因此，为了调动学生学习的积极性，增强学生主动获取知识的能力，教师应尽可能放权给学生，让学生根据自己的需求和兴趣主动获取知识。

这种教学方式对于教师来说是一种考验，因为每个学生都是不同的，要想调动全部学生的学习兴趣，就要针对不同的学生采取不同的引导策略，只有这样才能激发学生对学习的兴趣，进而产生学习兴趣。与此同时，教师还要在学生的实践空间和思维方面进行调动，让学生能够以积极的态度面对问题并尽量自行解决。在翻译教学中，教师要充分发挥自己的"中介"作用，同时对学生提出新的要求。

（3）在知识建构中强化"合作"的枢纽作用

在建构主义教学的观点中或者说在建构主义形成的教学模式中，学习的过程应该包括师生相互之间的交流和团队之间的合作。团队之间的相互沟通和合作对于知识体系的构建起着重要的积极作用。

具体到翻译教学的实践中，就是团队对将要进行的翻译实践进行相关的讨论和交流，在教师启发性问题的引导下，学生可以通过辩证的创造性思维对问题进行分析和理解，进而及时纠正存在于翻译实践中的问题。这种合作过程的主要特点就是交流，包括学生与学生之间的交流活动，以及教师与学生之间的交流活动。由此，我们可以知道，教育是人才培养的主要途径，尤其是创造性教育。也只有创造性的教育，才有可能培养出创造性的人才。因此，在翻译教学实施的过程中，利用合适的教学模式对学生的思维能力及其创新能力的培养意义重大，如启发式教学和情景式教学。在翻译教学中引入建构主义理论，对翻译教学的传统模式来说是一种颠覆，教育的重点从学生对知识的掌握转移到实践能力的增长。也只有这样，培养出来的学生才能更加适应现在的社会现状，在未来的实践中才能更加得心应手。

四、英语翻译教学中的课程设置与教材研究

（一）英语翻译教学中的课程设置

不管是衣食还是住行，不管是精神方面的还是物质方面的，都与对外交流有一定的关系，而翻译就是交流中的一种，因此，对译者的要求就是要对生活中的各种常识有一定程度的了解，只有这样才能适应翻译实践。由于翻译的内容各种各样，涉及的范围非常广泛，很多内容和方向根本不是英语专业或其他外语专业的人能胜任的，因此翻译教学必然会面对其他各种专业人员，这也就意味着翻译教学中的学生英语水平参差不齐，通过学习英语或者说翻译，可以加强专业能力，拓宽英语的实际使用范围，对于学生的综合素质培养和未来的就业，都有着相当重要的意义。因此，翻译课程的开设和学习对学生的吸引力是巨大的。

目前，翻译教学中学生表现出的问题主要有以下三个方面：首先，不能准确理解原文；其次，不熟悉文化差异即背景知识；最后，不熟悉相关业务知识。目前，我国已有超过 100 所本科院校开设翻译专业，但是随着社会对专业翻译人才的需求越来越大，翻译教学中的教师和学生与强烈的社会需求之间产生了矛盾。一方面，大学通过翻译教学培养出了大量的专业翻译人才，另一方面，已经成型的教学理念、教学模式以及相关的翻译教学课程设计对学生翻译能力的形成有很大的制约作用，培养出来的人才还不能完全满足社会的需求，他们还要在社会上经过很长时间的提升和历练才能逐渐适应社会。

我国外语专业本科教育在较长时间内均为语言文学型通才教育。过去，翻译课程作为外语专业教育课程构成中的一门或两门，在外语专业本科教育中相当普遍。设一门，通常是翻译；设两门，通常是外汉翻译与汉外翻译。近年来，外语专业纷纷加设口译课程，如 2000 年英语专业教学大纲把翻译课细分为口

译和笔译，笔译设在第六、七、八学期，口译设在第七、八学期，一般每周2—6学时不等。

在传统的教学中，人们通常将翻译当成英语教学的一种检验手段，通过翻译段落或篇章或以课文为主体进行相关的翻译练习等具体形式来进行。这样做的特点是明显的：首先就是以课本中的课文为中心，主要探讨的也是词语或句子的用法；其次就是翻译单位，由于传统英语教学中的翻译单位通常是句子，不同的句子之间可以说是没什么关系的，这在翻译实践中是不可行的，因为翻译不仅要对单独的句子进行翻译，还要练习上下文以及隐藏在文字深处的内容；最后，还有一点非常重要，就是译文的目的，在传统的英语教学中，学生只要能够熟练应用词语和句子结构，并不需要过多考虑句子的具体用法，因为他们的翻译成果的阅读对象只有教师，而教师在面对学生的翻译成果时，经常会带有一定的主观看法。但从事翻译实践的人不同，他们面临的对象是广大读者，不同的人对翻译的要求也是不一样的。在传统的英语教学中，学生所掌握的相关知识并不能满足翻译实践的需要。

对我国翻译教学中存在的诸多问题，译界研究者见仁见智，他们分别提出了自己的见解，尽管其中相当一部分是针对英语专业翻译教学而言的，但对于翻译教学来说，仍然具有非常重要的借鉴和启示作用。语言学家大卫·努南主张"以学习者为中心的课程设置"，也就是说，由于教师自己认知的有限性，导致教师在上课的过程中很难满足学生对知识的需求，这就要求教师在制订教学计划和教学内容的时候要有针对性地对知识进行归类和处理，让学生在有限的学习时间内掌握到尽量多的符合社会需求的知识与技能。在翻译教学中，除了要让学生学习相关语言的特定技能之外，教师的一个教学重点就是要培养学生的学习能力。

虽然在翻译教学模式研究当中，不同的学者根据自己的侧重点会产生不同的观点，但也具有一定的一致性。那就是反对传统的以教师为中心的教学方式，这在一定程度上是对教师核心的一种批判和摒弃。他们一致认为在教学的过程中，学生才是教学的中心和主体，只有充分尊重学生的主体意愿，让学生积极参与教学活动的每一环节，从思想或内心领会到学习的乐趣，产生真正的内在觉悟，他们才有更大的动力去探索与翻译相关的各种知识与技能。然而在实际教学过程中，由于受到多方面因素的影响，如翻译教学课程复杂、教师批改工作量繁重等，教师在教学中很难采取针对性的教学方法，进而导致翻译教学重点不够突出，也正是在这种教学情况下，翻译教学难以适应社会发展需求。

从原则上讲，大学三年级开设外译汉，四年级开设汉译外，每周两学时，但这并不是说这些时间就是固定不变的，可以根据具体的需要和学生的水平适当增加或减少。如今的大学院校都是以学分制对学生的学习情况进行考核和判定，这就意味着翻译课程的实施拥有了更多的灵活性，譬如可以利用晚上或周末的时间开办翻译选修课。此外还可以根据需要，开办相应的翻译培训班。当然，随着社会的发展和科技的进步，利用先进科技手段进行翻译教学课程的实施也是很有必要的，因此就要求教师对网络的使用要相当熟练。

另外，在翻译教学课程的实施过程中，要注意方式方法，尤其是口译课程，教师要采用合适的授课方式，尽量避免将口译课的上课形式与英语中的高级口语课混淆。此外，还要保证口译课的上课时间充足，通常情况下，口译课的实施时间是在大学的三年级和四年级。不同专业的学生在英语方面的水平不一致，因此在教学实施的过程当中要有针对性地选择与学生专业相关的文章进行翻译实践。

（二）英语翻译教学中的教材研究

英语翻译教学中的教材编写应遵循以下原则。

1. 以学生为中心

当前形势下的英语教学应以学生为教学的主体，要想从根本上提高学生的英语水平，或者说是翻译水平，就要从学生的主体性入手，充分调动学生的积极性，将学生的主体性发挥到最大，只有这样才能有效提高学生的翻译水平。因此在编写教材的过程当中要将学生的发展放在首位，教材的编写要突出学生的学而不是教师的教，这一指导思想要贯彻实施到教材完成的每一个环节。

2. 注意跨专业合作

翻译涉及人们生活的方方面面，因此翻译教学就要与不同的专业相结合，再加上不同专业学生的英语水平参差不齐，翻译教师在进行相应的翻译教学实践的时候要注意到这些，在编写教材时也要考虑到这些。在编写教材的过程中要对不同专业学生的学生有一个彻底的了解和判断，教材的内容应在不同专业学生的知识范围之内，通过教师与教师以及教师与学生之间的合作，选择恰当的内容或题材进入翻译教材，尽最大努力提高学生的翻译水平。

3. 实用性

教材的实用性要求教材编写人员在一定程度上全面考虑大学生在现实生活中的情感、思想和生活经历。在进行设计的时候，教材编写人员要全面分析大学生在学习过程中的真正需求以及在将来工作生活中所需的技能，进而确保学生能够通过在校学习，真正获得一定的翻译能力，在获取知识、掌握技巧以及提高使用能力等方面都获得比较显著的提高。

4.多元文化性

越来越多的人开始注意到要想真正提高学生的翻译运用能力，一定要注重翻译文化的导入。很多教师也逐渐意识到单一知识的传授已不能满足大学生翻译学习的需求，学生进行翻译学习的最终目的就是跨文化交际，语言教育在很大程度上属于文化教育的范畴。

五、英语翻译教学模式

总体来说，教学是一项精细的工作，不同的学科要有针对性地对课程进行设计与实施。英语翻译教学自然也不例外。构建英语翻译教学模式要以翻译教学的特点为基础，将教学实践过程中的方方面面容纳进来，在构建英语教学模式的过程中要兼顾到教师和学生等层面，为翻译教学的顺利实施奠定基础。

（一）翻译教学整体构建模式

所谓的整体构建就是以整体为基础或者从整体出发，对翻译教学的模式进行相关构建，合理调整教学过程中的各个要素，并将其合理编排，最后编制成相对稳定的模型图，而这个模型图的主要作用就是对教学实践进行指导。

在这里，我们对模型图的具体构建方法不予赘述，主要的研究内容是在整体构建模式下的翻译教学原则和发展方向。

1.整体构建模式下的翻译教学原则

研究表明，对于整体构建模式下的翻译教学来说，其最终的教学目的就是将知识系统地传输到学生的大脑中，并形成形象或抽象的知识体系。

当然，对整体构建模式下的翻译教学来说，要想顺利发展和实施得当，就要遵循相关的原则，具体如下。

（1）教师观原则

在整体构建模式的指导下，翻译教学的主要构建者就是教师，这在一定程度上确立了教师在教学活动中的特殊地位。与此同时，为了达到预定的教学目标，教师还要对学生进行一定程度的引导。教师需要根据整体构建模式的指导从自身层面对翻译教学进行知识体系的整体构建，只有这样才能在引导学生学习的过程中游刃有余。

因此，在教学实施的过程中，教师要尤其注意学生的个性化发展和创新，充分调动学生的主观能动性，让学生在特定的环境中能够根据教学要求建立起属于自己的翻译知识体系。

（2）学生观原则

在采用整体构建模式的翻译教学里，学生的角色就是教学活动的主体，要形成一个关于翻译学习的观点，就是要树立知识体系的整体构建。

由于学生在进入大学之前对于英语的学习已经有了一定的经验，在翻译教学的实践中学生应该将自己以往的经验应用到现在的翻译学习和翻译实践中，对自己的专业和知识进行整体构建，最终提高翻译能力。

（3）整体互动观原则

应当说，不管是传统的教学模式还是现代创新型的教学模式，师生之间的沟通都是必要的。

在以整体构建模式为基础的翻译教学实践中，师生互动是教学实施的根本，也就是说在翻译教学整体构建模式中，要根据整体环境设立或提出师生教学互动的所有问题。

2. 整体构建模式下的翻译教学创新发展方向

总体说来，在整体构建模式基础上发展出来的翻译教学，其创新发展主要围绕以下几个方面。

（1）朝着引导教师向翻译教学整体构建模式的方向创新发展

以整体构建模式发展出来的翻译教学，虽然教师是重要的、不可或缺的组成部分，但教学发展的重点已经从传统的以教师为中心转移到了以学生为中心上。教师的身份已经发生了根本性改变，从知识传输的主导者变成了知识输送的引导者，这时候的教师身份已经转变成知识的整体构建师。教师在教学实施的过程中，应将学生作为教学的中心和重点，从学习方向、学习内容和实践等方面对学生的知识体系进行整体的构建，使翻译教学能顺利进行。

由于当前社会人们对翻译人才的要求越来越高，任何一名翻译人才要想适应社会的需要，不仅要在第一、第二语言中具备非常出色的能力，还要具备一种超语言的能力。这种超语言能力对教师提出了一个要求，就是翻译教学模式应该在整体构建的基础上向更优的方向发展，只有这样培养出来的人才才能适应社会的需要。

（2）朝着引导学生向翻译学习整体构建模式的方向创新发展

在我国传统的教学实践中，教师是课堂上的完全主导者，对于学生要学的内容，教师有完全的操控权，当他们将相关的知识和理论教给学生之后，学生的工作就是通过大量的练习，使知识或技能烂熟于心。

在整体构建模式中的翻译教学则不同，教师的角色发生了相当大的转变，这时候教师的任务就是通过积极引导，让学生积极地参与翻译学习整体构建模型图式，并在这个模式中进行相应的知识积累和问题思考。

在这种教学模式中，学生的角色从一个被动的知识接收器，变成了主动寻找与探索知识和技能并积极进行整体构建的主人。这种转变体现了学生在教学实践中的主体地位，充分调动了学生学习的积极性，对学生知识的积累和能力的提高大有帮助。

（3）朝着引导教学过程向翻译教学整体构建模式的方向创新发展

与传统的重视教学结果的翻译教学相比，基于整体构建模式中的翻译教学要更加注重学生的独立个性和教学过程。

这种教学模式要求教师和学生以及学生和学生之间要对相关的教学内容进行非常充分的交流和互动，与此同时，学生本人也应该积极参与教学的每个环节，使教师和学生都能朝着注重教学过程整体构建模式的方向创新发展。

在翻译教学的整个实施过程中，不管是教师还是学生，都要在整体的基础上，从整体最优出发，对自己的教学模型或知识模型进行全面构建。

总之，只要教学双方都朝着翻译教学整体构建模式的方向努力，翻译教学就有了一定的创新和发展动力。

（二）中国文化语境中的翻译教学模式

随着研究和实践的不断深入，教学模式的创新与发展也在不断形成和完善。

总体来说，教学模式的发展方向通常是由传统的归纳型教学模式向创新的演绎型教学模式发展，从内容或方式比较单一的教学模式向内容和方式趋于多元化的教学模式发展，由以教师为中心的"教为主"的教学模式向以学生为中心的"学为主"教学模式不断发展等。

1. 翻译语境论

在讨论翻译教学模式的构建以前，我们首先要对语境有一个初步的了解。这个概念的发源时间是 20 世纪 90 年代，之后就引起了广泛关注和深入探讨，形成了不同的流派和理论取向。

随着人们对翻译理论研究的不断深入和拓展，语境在研究中的地位和作用越来越明显，其本身的张力也在日益加强，人们在研究文本的同时越来越注意到语境所产生的重大影响。

在研究翻译教学模式的变革之前，我们有必要对影响翻译颇深的语境进行一番探讨。这么做的目的就是使研究出来的翻译体系，不管是在理论思考还是在语料分析，或者是在翻译学上，都能更加完善。

在翻译实践中，翻译工作者首先要对翻译的两种语言所在的文化有所了解，这种双语文化意识让翻译者在实践当中不仅要对原文本的文化内涵有所观照，还要照应到翻译目标语内容上的文化内涵。

因此，对译者来说，在进行翻译之前就要对相应的文本和所涉及的文化有相当程度的了解，之后才能制订科学的翻译决策。对于翻译实践来说，要想使翻译出来的作品在适应目的语社会的同时尽量贴近原文本，就要求译者与原文本的作者尽可能多地互动和交流，只有这样，才能尽最大可能翻译出原文本作者想要表达的内涵。

2. 翻译课程建构

这里，我们将课程模式研究的背景设定为中国语境文化。当前，中国的翻译教学模式存在着很多根深蒂固的问题，这些问题的解决通常需要长时间慢慢探索。因此，在探讨中国翻译教学模式的时候，要从翻译教学存在的问题和翻译市场的需求入手。

下面笔者将从影响翻译教学的教材、学生的批判性思维、学习和实践的对接、师生之间的知识积累和视野开阔以及教学资源的利用等方面进行有针对性的论述，如图 2-1 所示。从图中能直观地看到这些因素之间的相互关系，课程的实施需要教材的合理建构、教师与学生双方的视野开阔、对教学资源的充分利用、学生培养与市场需求的对接，在此基础上形成的批判性思维会直接影响学生对翻译策略的选择。

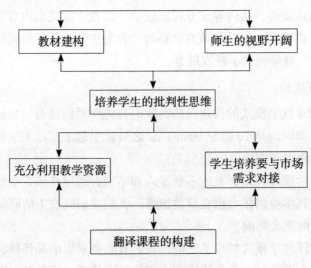

图 2-1　翻译课堂教学模型

（1）对翻译教材建构的设想

不管是在传统的教学模式还是新型教学模式中，可以说教材的地位都是非常重要的，不同点就是教学模式对教材的依赖程度。相对来说，传统的教学模式更加依赖教材。

由于翻译工作的特殊性，翻译专业对教材的要求自然不一样。与其他学科的教材相比，翻译专业的教材要与时俱进，同时要有一定的包容性和复合性。

翻译的实践工作者要能跟得上时代的步伐，而不是闭门造车，能够根据外界的变化对语言和翻译策略进行调整。

（2）对学生批判性思维的培养

所谓的批判性思维，就是以现有的知识、逻辑常识为基础，对出现的问题进行深入思考和理性辨别，并确定其正确性。翻译中的批判性思维就是指译者在对待特定文本的时候，能够技巧性地评价其中的思想和信息，然后对文本中的内容和信息根据以往的经验进行取舍。任何一项翻译实践都需要批判性思维的存在，这对于蕴藏于文本之中的内涵、作品创作的背景、作者创作的意图以及歧义的发现和辨别等都有重要的作用。

（3）学生培养与市场需求的对接构想

我们知道，当前产品生产的最佳模式就是定制模式，这种模式既实现了生产销售的高效，又避免了产业过剩而导致的浪费。这种模式对翻译人才的培养也有一定的启发作用。高质量的翻译服务的基础就是翻译的需求方和翻译的提供方之间的良好合作。在合作之前，双方都要对对方的目标和要求有一定程度的了解。

对于翻译服务方来说，要想保证翻译的质量，就要在翻译的过程中加强管理。这个过程管理存在于翻译的所有环节之中，包括翻译之前的准备工作、翻译中的实施工作以及翻译后的检查反馈和评价工作。只有每个环节都符合规范要求，翻译出来的作品才能保证质量，翻译的服务体系才会完善。

不管时代怎样发展，学生学习的最终目的就是要应用到实践中，并产生相应的价值。这也就要求翻译教学要时刻关注社会对翻译工作的需求，要求翻译专业的学生不仅要有与专业相关的具体技能和知识，还要对现行社会中的很多技术或现状有更多的了解。因为文化语境是在不断变换着的，它的变化必然会对翻译的具体决策产生不同程度的影响。

职业课程培训的实际理念对于翻译人员的专业技能来说具有一定的决定性作用，设计理念越先进，培养出来的人才的适应性就越强。因此，翻译课程在设计的时候要充分考虑社会市场的需求。

六、英语翻译教学评价体系构建

由于受到传统写作教学理念和其他因素的影响和限制，我国大学英语翻译教学的评价方式过分强调结果，评估内容单一，长期以来忽略学习过程，大多以机械化评估标准为主导，不利于促进学生翻译能力的全面发展，难以对翻译课堂教学过程形成良性刺激。因此，建立合理的教学评价体系至关重要。

（一）大学英语翻译教学评价体系现状

目前大学英语翻译教学考核评价的现状主要表现为没有特色、主体单一、内容片面化和过程不到位等问题。

1. 考核评价方式无特色

校内专业课的理论教学、校内教学实训和校外实习是大学英语翻译教学的三个阶段。造成大学英语翻译教学没有跨出教学与考核的传统框架的主要原因是注重期末考试而忽视平时考核，注重理论考试而忽略实习考核。

目前绝大多数师生重视理论教学而轻视实践教学，这就无法培养学生的专业技能，由此可见，大多数学校的翻译教学依旧没有脱离理论教学的藩篱。

2. 考核评价主体单一

全方位的考核评价是指多角度、多层面、多渠道对学生进行考核评价。然而，大多数院校对学生考核的主体具有单一性、片面性，局限于任课教师和指导教师的考核评价，没有从实际应用出发，无形中增加了任课教师和指导教师对学生考核评价的权利和分量。

3. 考核评价内容片面化

翻译教学中没有多角度、全方位地涵盖各阶段内容的全面考核，对学生的个性化发展缺乏关注，只是局限于校内专业理论考核和实践考核。

在大学英语翻译教学的内容考核方面，教师在对大学英语翻译理论课评价过程中，往往采用固定的评价方法，如结合学生的翻译考核成绩，或者根据学生在实习期间的实习报告等，这种考核忽略了对学生创新精神的培养，忽视了对学生实践能力的拓展，缺乏对学生综合职业素质的重视。

4. 考核评价过程不到位

教师没有深入地、动态地考核评价学生，基本上按照"讲授作业—期末考试"的流程组织教学。很多授课教师在翻译理论课的教学中，以"课堂表现—作业情况—期末考试"结果为考核依据，忽略了学生动态的发展。

（二）"同伴互评"评价模式

与传统翻译教学模式相比，"同伴互评"的课堂教学模式强调以学生为中心，激发了学生学习翻译的积极性、主动性与创造性，加强了翻译认知过程的情境设置，同时有利于优化课堂教学环境，形成一种多维互动的教学过程，从而促进学生相互交流，激活学生思维，提高课堂教学质量，激发学生的学习兴趣。

1."同伴互评"评价模式简介

"同伴互评"教学模式有利于弘扬团结协作精神，突出生生之间、师生之间的信息传递与交往，以新建构主义、合作学习理论以及现代交往理论为导向，力求体现"以学生发展为本"的核心思想，遵循主体性、合作性、激励性、有效性与互动性原则，强调学生主体参与和实践体验，优化学习环境和学习过程，发挥评价对学习的增值功能，与教师评阅卷有机结合，在多维互动的交往活动中推动教学过程不断深入。

将"同伴互评"引入翻译教学，可增添学生翻译练习的机会，减轻教师批改作业的负担，培养学生的自主性，显现小组成员互帮、互学、互评的作用，提高翻译课堂合作学习的效率，从而最终提高学生的翻译能力。

2."同伴互评"评价模式遵循的原则

（1）主体性原则

学生是知识的主动建构者，主体性在课堂教学情境中具体化、对象化的体现就是学生的主体参与。众所周知，合作学习是目前常见的一种教学形式，而"同伴互评"是合作学习的一种外化表现形式。

（2）合作性原则

运用合作学习的基本方法，按照"组间同质、组内异质"的原则，遵循合作学习的基本规律，在实施过程中，让学生组成学习小组，使其相互合作、共同提高。

（3）激励性原则

教师要做一个学习的参与者和指导者，让学生体验到合作学习的成就感。在这个过程中，学习是学生表现自我、展示自我的过程，教师要充分肯定学生的合作成果，要不断激励学生去"发现"知识。

（4）有效性原则

教师要善于引导学生去实现学习目标，在"同伴互评"的过程中，不断调控小组学习格局的多极化，提高课堂教学效率，并向新的教学目标推进。

七、现代教育技术与翻译教学

同其他课程的教学一样，多媒体技术等现代教育技术手段可以应用于翻译教学中，使翻译课堂变得生动活泼、丰富多彩。以下就对翻译课应如何利用多媒体技术等现代教育技术手段进行探讨。

（一）传统的翻译课堂

传统的翻译课堂采用"教师＋文本＋黑板、粉笔"的方式。教师讲解翻译技巧，把翻译材料发给学生，接着介绍背景知识或文体知识，学生做好之后交给教师批阅，或者是课堂上做限时练习，允许学生在翻译过程中查词典，教师批阅后在课堂上讲评。

（二）多媒体技术与翻译课堂

将多媒体技术用于翻译课堂上，可以使课堂变得生动，也可以使师生互动、文本与译者的互动增强。

对于知识要点的讲解，在传统的课堂上，教师要一条一条地写在黑板上，占去了不少本来就有限的课堂时间，写完之后还得费力地擦黑板，弄得教室里粉笔灰飞扬。

多媒体课件运用于翻译教学，对翻译教师提出了很高的要求。一是制作课件的过程是一个非常辛苦的过程。如果事先已有电子文本就能省去文字输入的麻烦。一个图像和一段声音的下载也会花费教师大量的精力和时间，如遇网络不好，花费的时间就更长了。二是即使有了课件，也不能省去教师的讲解。因此，教师要对所讲的内容烂熟于心，切不可边看讲稿边讲解。

（三）网络课程与学生的自主学习能力

除了在课堂上采用多媒体技术授课以外，还可以通过制作网络课程，给学生提供一个自主学习的平台。

在这个网络课程平台上，教师可以将电子教案、学生的练习、自制的课件和其他丰富的学习资源传上去。在课外时间，学生可以根据自己的学习兴趣进行自主学习；通过博客和聊天室，教师也可以在网络上解答学生自主学习过程中提出的问题；学生之间也可以相互讨论问题。这样既可以因材施教、个别辅导，又可以培养学生的自学能力，扩大学生的学习视野，帮助学生从网络这一渠道获取知识，使学习不受时间和空间的制约。对于某些作品，学生可以看到不止一种文本和译本，这样，他们就可以去比较和鉴别。他们也可以随着时代的发展，通过网络搜索新词的表达。学生也可以通过网络与各地的翻译公司取得联系，为自己进行翻译实习牵线搭桥。同时，其译作可以不受地域限制，发往各地的翻译公司，使翻译这门实践性、时代性很强的课程有了与实际结合的条件，使这门课程的教学与实际紧密结合了起来。学生也可以通过网络了解翻译的动态、行业规范、人才需求状况，为自己就业做好准备。因此，网络技术为翻译教学提供了丰富的资源和信息，如果利用好它，就可以有效地提高翻译教学的质量，使翻译教学与实际翻译真正结合起来，使学生看到翻译课堂以外的世界，增强他们学习的动力。

第二节　常用翻译技巧

一、直译与意译／异化与归化的翻译方法

直译、意译是将译文与原文进行比较，看译文与原文是否在内容和形式上都能达到统一。异化、归化则包含两个层面，其一是指语言形式，其二是指文化内容。

在语言形式这个层面上，异化、归化是将译文与译语进行比较，按译语的行文表达习惯来衡量译文，看译文是否有异于译语习惯的新奇表达法。直译的译文不一定都是异化的译文。如将"I like that play."译为"我喜欢那部剧"是直译，但这种译文不是异化翻译，而将"There is no smoke without fire."译为"无火不生烟"是异化的翻译（也是直译），译为"无风不起浪"是归化的翻译（也是意译）。

"异化、归化"除了与"直译、意译"一样包括语言的表达，还比"直译、意译"多了一层文化层面的内容。异化不仅可以充分地传达原作的"异国情调"，而且可以引进一些源语的表达方式以丰富译语的语言。如中文从英文引进的"瓶颈"（bottleneck），英文从中文引进的"tofu"（豆腐）、"yamen"（衙门）等。在异化处理时要考虑两个因素：一是译语的语言习惯；二是译语文化的制约。

在异化行不通的时候，译者要力求冲破原文语言形式的束缚，从原文的词法、句法中跳出来，按译语的语言文化习惯来译，使读者易于理解，这便是归化。尽管在实际翻译中，"直译、意译"或"归化、异化"都会出现在同一文本中，但不同文体的文本采取的翻译方法各有所侧重。如直译法或异化法通常是科技翻译、法律翻译、应用文翻译的主要方法，但也会用到意译法或归化法；意译法或归化法通常是文学翻译的主要方法，但也要用到直译法或异化法。

随着时间的推移，异化和归化的表达会发生变化，在某一时期被认为是异化的表达，到了另一时期，就有可能融入译语，成为译语的一部分，久而久之，再用这一表达，就不再是异化译法了，而是归化译法，如 honeymoon（蜜月）。那些融不进译语文化的异化表达，渐渐就被淘汰掉了。

二、专有名词的翻译方法

（一）英译汉专有名词的翻译技巧

英语中有许多专有名词，如人名、地名、企业团体名称、国际组织名称及各类科技词汇等，在汉语中没有现成的表达方式，因而需要采用一些特殊的方法来翻译。一般来说，人名、地名等都应该采用音译法来处理，即用发音与原文相近的汉字译出。可参照商务印书馆出版的《英语姓名译名手册》《外国地名译名手册》和《世界民族译名手册（英汉对照）》以及各种权威英汉辞典译出，使之统一起来，以免造成不应有的混乱或误解。但是仍有一些具体情况需要区别对待。

第一，有些约定俗成的译名，不必按其发音重新译出，免得出现混乱不一的现象。

例如：

New York 译成"纽约"，而不译成"新约克"；

Paris 译成"巴黎"，而不译成"巴黎斯"；

Hollywood 译成"好莱坞"，而不译成"好莱坞德"；

Singapore 译成"新加坡"，而不译成"辛加坡"；

John Leighton Stuart（新中国成立前美国驻华大使）译为"司徒雷登"，不要译成"莱顿·司图尔特"；

Adam Smith（英国古典经济学家）译为"亚当·斯密"，不要译成"亚当·史密斯"；

Conan Doyle（英国侦探小说家）译为"柯南·道尔"，不要译成"柯南·多尔"；

Joseph Needham（英国科学史学者）译为"李约瑟"，不要译成"约瑟夫·尼德汉姆"；

San Francisco 一般译为"旧金山"（也可译作"圣弗朗西斯科"，但不如前者通用）。

第二，有些人名、地名有重复现象，为了区别同名异地异人，也要按约定俗成的译法处理。例如：

Cambridge ——剑桥（英国）；坎布里奇（美国）

Fanny ——范尼（男名）；范妮（女名）

Jessy——杰西（男名）；杰希（女名）

Regan——里根（美国总统）；里甘（美国财政部部长）

第三，有的地名也用意译和半音译半意译的翻译方法，因为其中全部或有一部分为普通名词。

①意译。例如：

Oxford——牛津

Salt Lake City——盐湖城

Iceland——冰岛

Longland——长岛

②半音译半意译。例如：

New Zealand——新西兰

Grand Forks——大福克斯

South Wales——南威尔士

③带有序数词或其他普通词语的人名也应半音译半意译。例如：

Henry V——亨利五世

Charles I——查理一世

④有些影片名、小说名，可采用比较灵活的方法译出，以达到吸引观众的目的。比如，根据内容另起标题：

Oliver Twist——《雾都孤儿》

Waterloo Bridge——《魂断蓝桥》

Carve Her Name with Pride——《女英烈传》

Cramer vs. Cramer——《克莱默夫妇》

Gone with the Wind——《飘》

Pretty Woman——《风月俏佳人》

Casablanca——《北非谍影》

Sleepless in Seattle——《西雅图夜未眠》

⑤国外企业、团体、国际组织及国家的名称大都全部或部分由普通名词构成，亦有统一的译法。有些译名查不出统一的译法，可以根据具体情况或音译或意译或采取音意结合的方式进行翻译。例如：

Morgan Guaranty Trust——摩根抵押信托公司

Canadian Imperial Bank of Commerce——加拿大帝国商业银行

Shell——壳牌石油公司

Standard Chartered Bank——渣打银行

Standard Pool——标准普尔公司

⑥一些企业或组织名称经常用缩略语表示，其译法不一，有的仍译其全称，有的简译、全译并存，也有少数音译、意译两可的。

A. 全译。例如：

UNESCO——联合国教科文组织

WHO——世界卫生组织

B. 简译、全译并存。例如：

ASEAN——东盟（东南亚国家联盟）

WTO——世贸组织（世界贸易组织）

NATO——北约（北大西洋公约组织）

UNICIF——儿基会（联合国儿童基金会）

C. 音译、意译两可。例如：

OPEC——欧佩克或石油输出国组织

⑦有些地名也用来指代该地特产，翻译时要弄清其含义，音译并增词说明。例如：

Morocco——首字母大写意为"摩洛哥"，小写则指"摩洛哥山羊皮"

Brussels——首字母大写意为"布鲁塞尔"，小写则指"布鲁塞尔毛圈地毯"

China——首字母大写意为"中国"，小写则指"瓷器"

⑧值得注意的是，有些英美名著、典故和神话传说中的人名、地名经过长期的沿用和演变，已具有普通名词的含义，或者说，具有了比喻义，因此先要理解其含义后再采取适当的方法译出。例如：

Cinderella 可译为"灰姑娘"或"辛德瑞拉"（童话人物，喻义：不受重视的人）。

Uncle Tom 可译为"逆来顺受的人"或"汤姆叔叔"（《汤姆叔叔的小屋》中的人物，是一个逆来顺受的人）。

Eden 可译为"乐园"或"伊甸园"（《圣经》中的地名）。

Catch-22 可译为"无法逾越的障碍"或"第二十二条军规"（来源于美国的一部小说《第二十二条军规》，这是一条使人左右为难的军规）。

⑨有些专有名词甚至可以转译成动词。例如：

to Richard Nixon——偷偷将录音抹掉

to Bond a thriller——拍一部詹姆士·邦德（系列侦探片《007》的主角）式的惊险片

to Bill Clinton——作伪证

to Hamlet——拿不定主意

to Shylock——放高利贷

有些由专有名词与普通名词组成的词语具有特定的含义，千万不能望文生义，应查阅字典或有关参考资料，找出其准确的译法。例如：

French leave——不辞而别

India summer——小阳春

Italian hand——暗中干预

British warm——军用短呢大衣

Turkish delight——橡皮糖

Spanish moss——铁兰

American plan——（旅馆的）供膳制

Dutch auction——逐渐降价的拍卖

（二）汉译英专有名词翻译技巧

1. 人名

汉语中的人名一般采用汉语拼音的方法进行英译。例如：

闻一多——Wen Yiduo（双名）

傅雷——Fu Lei（单名）

王力——Wang Li（单名）

多吉才让——Duojicairang（少数民族人名）

2. 地名

（1）普通地名

一般采用汉语拼音的方法进行翻译。例如：

北京——Beijing

长春——Changchun

（2）风景名胜

①含地名的情况：地名的汉语拼音＋意译的方式进行翻译。例如：

承德避暑山庄——Chengde Mountain Resort

洞庭湖——Dongting Lake

华清池——Huaqing Hot Spring

峨眉山——Emei Mountain

都江堰——Dujiangyan Weir

37

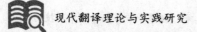

嵩山——Songshan Mountain

庐山——Lushan Mountain

乐山大佛——Large Leshan Buddha

②不含地名的情况：一般采用意译的方法。例如：

东方明珠塔——the Oriental Pearl Tower

芦笛岩——Reed Flute Cave

黄鹤楼——Yellow Crane Tower

灵隐寺——Temple of Soul's（Lingyin）Retreat

中山陵——Dr. Sun Yet-sen's Mausoleum

③不含地名的情况：意译＋增译地名。例如：

三峡——the Three Gorges on the Yangtze River

莫高窟——Mogao Grotto in Dunhuang

3. 机构名

①国务院所属部、委员会、局、办公室、署（总局）分别译为 Ministry、Commission、Bureau、Office、Administration（Bureau）。例如：

教育部——Ministry of Education

财政部——Ministry of Finance

外交部——Ministry of Foreign Affairs

信息产业部——Ministry of Information Technology and Telecom Industries

国家体育运动委员会——the State Physical Culture and Sports Commission

华侨事务委员会——Overseas Chinese Affairs Commission

国家统计局——State Statistical Bureau

国土局——Land and Resources Bureau

国务院港澳办公室——Hong Kong and Macao Affairs Office under the State Council

国务院侨务办公室——Overseas Chinese Affairs Office under the State Council

审计署——Auditing Administration

旅行游览总局——General Administration of Travel and Tourism

②其他政府和群众组织如联合会、协会、大会、会议、委员会、出版社、法院、银行（信用社）等分别译为 Federation、Association、Congress、Conference、Committee、Press（Publishing House）、Court、Bank（Credit Cooperative）。例如：

中华全国总工会——All-China Federation of Trade Unions

中华全国妇女联合会——All-China Women's Federation

中国残疾人联合会——Chinese Association for the Handicapped

省（自治区）人民代表大会——Provincial（Autonomous Regional）People's Congress

市人民代表大会——City People's Congress

中国人民政治协商会议——Chinese People's Political Consultative Conference

中国文字改革委员会——Committee for Reforming the Chinese Written Language

商务印书馆——Commercial Press

4. 称谓和技术职称

①在汉语中，首席长官的称谓常常以"总……"表示，在英语中表示首席长官的称谓则常常带有 chief、general、head、managing 这类词。在汉译英时，要遵循英语的表达习惯。例如：

总书记——general secretary

总工程师——chief engineer

总编辑——chief editor; editor-in-chief; managing editor

总经理——general manager; managing director; executive head

总裁判——chief referee

总代理——general agent

②在汉语中，有些机构或组织的首长在英语中有特殊的表达。例如：

大学校长——President of XX University

中小学校长——Principal / Headmaster of XX Middle School

大学下的二级学院院长——Dean of XX School

大学二级学院下的系主任——Chair / Chairman of XX Department

学会 / 协会的会长 / 主席——President of XX Association

工厂厂长——Director of XX Manufacturing Plant

医院院长——President of XX Hospital

③汉语中有些机构的负责人可以用 director、head 或 chief 来表示。如：司、厅、署、局、所、处、科、股、室、教研室等的负责人。

④汉语中表示副职的头衔一般都带"副"字，翻译成英语时需要视词

语的固定搭配或表达习惯而定。在英语中可供选择的词有 vice、associate、asistant、deputy 等。

比较而言,vice 和 associate 使用的频率较高,前者一般用于行政职务的副职,后者一般用于学术头衔。例如:

副总统 / 大学副校长——vice president

副主席 / 副系主任——vice chairman

副总理——vice premier

副部长——vice minister

副省长——vice governor

副市长——vice mayor

副领事——vice consul

中小学副校长——vice principal

副教授——associate professor

assistant 一般用于以下职位的副职和初级技术职称。例如:

副总经理——assistant manager

中小学副校长——assistant headmaster

助理教授——assistant professor

助理研究员——assistant research fellow

助理工程师——assistant engineer

deputy 一般用于以下职位的副职。例如:

副所长 / 副厂长 / 副主任——deputy director

大学二级学院副院长——deputy dean

副市长——deputy mayor

副秘书长——deputy secretary-general

⑤有的行业的高级职称用"高级"或"资深"来表示,译成英语时习惯上用 senior。例如:

高级工程师——senior engineer

高级讲师——senior lecturer

高级教师——senior teacher

高级记者——senior reporter

高级农艺师——senior agronomist

高级编辑——senior editor

⑥有的带有"首席"的行业职称,英语习惯上用 chief 来表示。例如:

首席法官——chief judge

首席检察官——chief prosecutor / inspector

首席执行官——chief executive officer（CEO）

首席仲裁员——chief arbitrator

首席顾问——chief advisor

首席记者——chief correspondent

审判长——chief judge; chief of judges; presiding judge

⑦带有"代理"的职务，一般用 acting 来译。例如：

代理总理——acting premier

代理市长——acting mayor

代理主任——acing director

⑧带有"常务"的职务，一般用 managing 来译。例如：

常务副市长——managing vice mayor; first vice mayor

常务副校长——managing vice president; first vice president

常务理事——managing director

⑨带有"执行"的职务，一般用 executive 来译。

执行主席——executive chairman; presiding chairman

执行秘书——executive secretary

执行主任——executive director

⑩带有"名誉"的职务，一般用 honorary 来译。

⑪有的职称或职务是"……长""主……""主治……""特级……"
"特……""特派……"译成英语时要视英语的表达习惯而定。例如：

护士长——head nurse

秘书长——secretary-general

参谋长——chief of staff

检察长——prosecutor-general

主任医师——senior doctor

⑫汉语的许多职称、职务的英语表达法难以归类，需要不断积累记忆。例如：

财务主任——treasurer

编审——senior editor; professor of editorship

院士——academician

博士生导师——doctoral student supervisor

研究生导师——graduate student tutor

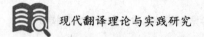

⑬有些中国特有的荣誉称号在英语中无法找到对应的表达，多用意译的方法来翻译。例如：

三好学生——"triple-A" outstanding student; outstanding student

劳动模范——model worker

三、新词语的翻译方法

以上都是一些有固定译法的外来语。然而由于科学技术的飞速发展，每天都会产生大量的新词语。这些新词语有些是用旧词语拼凑起来的，有些则是新造的。此外，英美报刊上也时常出现一些拼缀词（blends）、缩短词（clipped words）、缩略词（acronyms）和临时造的词（nonce words），等等。

①这些词语中有的可以根据构词法或其中的含义意译。例如：

filmdom（film+kingdom）——电影王国

slimnastics（slim+gymnastics）——减肥体操

mechatronics——机械电子学

psywar——心理战

high-tech——高科技

show biz（show business）——娱乐性行业

birds flu——禽流感

the severe acute respiratory syndrome（SARS）——非典型性肺炎

②有的新词可以音译。例如：

quark——夸克（带电核粒子）

hertz——赫，赫兹（频率单位）

③有的新词可以音译意译结合，辅之以说明性增字。例如：

Irangate——伊朗门事件

AIDS——艾滋病

④有的新词可以不译。例如：

SARS——（非典）

GDP——（国内生产总值）

GNP——（国民生产总值）

四、外来词的翻译方法

随着大量国内原先没有的事物或概念进入我国，指代它们的词语也被汉语引进、消化和吸收，成为汉语的组成部分，这就是所谓的外来语。世界上每种语言或多或少都有这种情况，汉语也不例外。早在古代佛教传入我国时，就有了源于梵语的外来语，如"菩萨""罗汉""涅磐""超度""圆寂"等。近代以来，随着我国与世界各国的交往和交流的增多，汉语中也涌现出大量的外来语，其中以英语外来语居多，这是由于英语是世界上用得最为广泛的语言之一。人们一般也把前面所说的人名、地名等专有名词归入外来语的范围。但是，汉语中的外来语基本上是指代一般事物或概念的普通名词。

①许多外来词在引进的过程中都经历了从音译到意译的阶段，有的还保留着音译和意译并用的现象。例如：

telephone——电话（旧译：德律风）

science——科学（旧译：赛因斯）

microphone——话筒，麦克风

taxi——出租车，的士

engine——发动机，引擎

②有些外来词则以音译的方法固定下来。例如：

humour——幽默

logic——逻辑

guitar——吉他

chocolate——巧克力

coca-cola——可口可乐

③在翻译某些外来语时，为了说明其类别，可以增字加以说明，但有些外来语的说明性增字已是可有可无的了。例如：

bowling——保龄球

cafe——咖啡馆

bar——酒吧

sardine——沙丁鱼

banjo——班卓琴

golf——高尔夫球

poker——扑克牌

disco——迪斯科舞

cigar——雪茄烟

tank——坦克车

champagne——香槟酒

pizza——比萨饼

④有的外来词采取半音译半意译的方法来翻译。例如：

ice-cream——冰激凌

credit card——信用卡

五、辞格的英汉互译技巧

（一）直译法

英语中的明喻（simile）、暗喻（metaphor）、拟人（personification）、夸张（hyperbole）、委婉（euphemism）、转喻（metonymy）、省略（ellipsis）、移就（hypallage）、呼告（apostrophe）、递进（climax）、递降（bathos; anti climax）、反语（irony）、跳脱（aposiopesis）、排比（parallelism）、并列（parataxis）、设问（question and answer）、反问（rhetoric question）等修辞手段，在汉语里也能找到对等的修辞手段，一般来说，可以直译。

1. 明喻

[例1] 她的脸色苍白而带光泽，仿佛大理石似的；一双眼睛又黑又大，在黯淡的囚房中，宝石似的闪着晶莹的光。（杨沫：《青春之歌》）

译文：Her face was pale and yet as lustrous as marble, and her large, black eyes sparkled like jewels in that murky cell.

[例2] She sat like patience on a monument, smiling at grief. (Shakespeare: *The Twelfth Night*)

译文：她坐在纪念碑上，像个木偶人，对悲哀一笑置之。

这个辞格在汉语和英语修辞里有着共同的特点，那就是明显地打比方，在本体和喻体之间都出现显而易见的喻词，如汉语里的"像""好像""比如""仿佛""好比""……一样""如……一般"等；英语里的 like、as、as if、as though 等。在翻译时，我们可利用其共同特点，用译文中相应的喻词来译原文中的喻词。上面两例便说明了这一点。

2. 夸张

[例1] 我从乡下跑到京城里，一转眼已经六年了。（鲁迅：《一件小事》）

译文：Six years have passed by in a twinkle since I came to the capital city from the countryside.

[例2] He ran down the avenue, making a noise like ten horses at a gallop.

译文：他在林荫道上跑着，发出的声音就像十匹马在奔腾。

夸张在汉语和英语里都是常用的修辞格，用以加强语气，增强语言的感染力，有意夸大或缩小事物的某一方面，从而获得更好的表达效果。翻译中采取直译的方法能把原文中语言的感染力带到译文里。上面的译例都说明了这一点。

（二）意译法

由于不少修辞格都利用了各自的语言特点，如语音、语法、语言形式和文化背景等，但这些都不为译文读者所熟悉，要把它们直译成另外一种语言就很困难。因此，必须进行一定的加工，才能译出为译文读者所接受的译文。属于这一类的修辞格有拟声（onomatopoeia）、对偶（antithesis）、押韵（rhyme）、双关（pun）、顶真（anadiplosis）、借代（antonomasia）、倒装（anastrophe）、摹形（graphic）、反复（repetition）。

1. 拟声

[例1] 敲了两下门，心上还突突直跳。

译文：He knocked twice at the gate, and his heart thudding violently.

[例2] A hammering clatter of hoofs beating the hard road.

译文："嘚、嘚、嘚"，坚硬的路面上响着接连不断的马蹄声。

把人、动物或自然物所发出的声音如实地加以描摹，这种修辞方法称为拟声，汉英皆有，但是有着较大的区别。在汉语里，一般都采用直接摹写声音的拟声词，如例1中的"突突"。在英语里，一些动词和名词本身就具备了拟声的特点，融音与义为一体，引起音与音之间的联想，如例2中的clatter。因此，在翻译时，我们不得不考虑这些差异，适当地进行加工，如例1中的"突突"不是译成tu-tu，而是用thudding；例2中的clatter译成汉语的拟声词"嘚、嘚、嘚"。

2. 顶真

[例1] 有个农村叫张家庄，张家庄有个张木匠。张木匠有个好老婆，外号叫"小飞娥"。小飞娥生了个女儿叫艾艾。（赵树理：《登记》）

译文：There was a village called Zhangjia Village where lived Carpenter Zhang, who had a good wife, nicknamed Little Moth, who gave birth to a girl called Ai'ai.

[例2] Still he sought for fame...fame, that last infirmity of noble mind.

译文：可是他仍旧追逐名气——追逐名气，这是个高尚的人永远摆脱不了的弱点。

第一句结尾的字或词与第二句开头的字或词相同，这就是汉语的顶真格，英语里称 anadiplosis。例1的译文巧妙地利用英语的关系代词来处理原文里的项真格。例2的翻译把原文的项真格处理得相当好，既翻译了内容，又移植了形式。

（三）弥补法

有些修辞格一般在字形、字音、词性、词的结构、词的缩减、词义更换、字的排列等方面做文章，这些特点是无法传达到译文中去的。按照冯庆华教授的观点，对这些不能译的修辞格，我们可采取不同的方式来传译。

第一，对那些非译不可，否则就会严重影响原作的思想力度或情节发展的修辞格，应尽可能地加以补救，如采用换格、加重语气、加注脚、叠字、别解；

第二，对那些与原作思想力度和情节发展无重大关系的修辞格，可以干脆不译；

第三，对诗词、对联中不能译的修辞格，最好能做一个简短的说明，让不懂原文的人领略到原文修辞格的妙处。笔译、口译皆如此。

1. 别解

[例] Sophomore: "But I don' t think I deserve quite a zero on this paper."

Teacher: "Neither do I, but it's the lowest mark I can give."

译文：二年级学生："可是，我认为我这份试卷不应该得零分。"

教师："对，我也这样认为，可零分是我所能给的最低的分数。"

别解又称曲解，就是在写文章或说话时，对某些词语的意思有意地进行歪曲的解释，以满足一定的交际需要。使用这种修辞格，能使语言幽默诙谐，可增加轻松愉快的谈话气氛，或达到辛辣嘲讽的效果。这种辞格是在原意的基础上进行歪曲，创造出一种新意。上面例子是教师对学生整个句子的别解，师生双方都认为这份试卷不应得零分，学生认为应高于零分，教师则认为应低于零分，该译文充分表达了原文的幽默感。

2. 叠字

[例] 寻寻觅觅，
冷冷清清，
凄凄惨惨戚戚。

译文：I see but seek in vain,

I search and search again;

I feel so sad, so drear,

So lonely, without cheer.（许渊冲译）

所谓叠字，就是把同一个字或单音词接二连三地用在一起。运用叠字，不但能增添声音美，调整音节，而且还能表达不同的语气、程度和感情色彩，加强语言的形象性。由于汉英两种语言在表达上的差别，叠字格是很难进行直译的。曾有人把"寻寻觅觅"机械地译成"Seek, seek; search, search"，这样译文变成了一个祈使句，命令读者去寻去找。许渊冲先生的译文用脚韵和头韵来传达原文叠字的音美。这是一种更换辞格的弥补译法。

六、文化语言与汉英翻译

中国人的祖先居住在亚洲东部的北温带，气候比较温和，较少受台风、海啸的袭击，半封闭的大陆型地理环境与自给自足的小农经济使他们形成了"天人合一"的哲学思想，他们崇尚和谐，相信人和自然可以和谐共存，相信主客体的一致，重伦理、重悟性、重简约。这种心理文化在汉语语法中的表现形式为以义统形，强调意义的连贯，但不在意形式标记，句法特征为意合，语法特征为隐性，词语的意义往往只能在句子或一定的语境中才能确定。汉语的词汇主要由单音节词和双音节词组成，词的组合比较方便，只要合乎事理，意义明确，便可以组合在一起，造句比较简单，不必考虑形式的一致。文化、语言与汉英翻译的关系可以从汉语习语的翻译中得到很好的体现。

（一）汉语习语的民族文化特征及其英译

汉语习语包括成语、谚语、惯用语、歇后语、俚语等，它们反映了汉民族的文化特征。

第一，有不少习语反映出了汉民族的历史和典故。如：明修栈道，暗度陈仓；四面楚歌；庆父不死，鲁难未已；徐庶入曹营——一语不发；塞翁失马，焉知非福；赔了夫人又折兵；周瑜打黄盖——一个愿打，一个愿挨；初出茅庐；毛遂自荐；东施效颦；南柯一梦；滥竽充数；削足适履；说曹操，曹操到；三个臭皮匠，赛过诸葛亮；才高八斗；学富五车；等等。

第二，有的习语反映了汉民族的生产生活。如：竭泽而渔；打草惊蛇；掌上明珠；雪中送炭；玩火自焚；对牛弹琴；过河拆桥；低声下气；废寝忘食；熙熙攘攘；络绎不绝；斤斤计较；半斤八两；顺手牵羊；井底之蛙；连锅端；一朝遭蛇咬，十年怕井绳；穿连裆裤；唱对台戏；丈八的灯台——照见人家，照不见自己；一条绳上的蚂蚱——谁也跑不了；哑巴吃黄连——有苦说不出；十五个吊桶打水——七上八下；棺材里伸出手来——死要钱；肉包子打狗——一去不回头；骑着毛驴看书——走着瞧；擀面杖吹火——一窍不通；灯草拐杖——做不得柱（主）；此地无银三百两；一言九鼎；三天打鱼，两天晒网；

留得青山在，不怕没柴烧；粗茶淡饭；等等。

第三，有的习语反映了汉民族的宗教文化。如：泥菩萨过河——自身难保；正月十五贴门神——晚了半月；闲时不烧香，临时抱佛脚；跑了和尚跑不了庙；看破红尘；削发为尼；佛靠金装，人靠衣妆；吃斋念佛；佛口蛇心；佛眼相看；和尚打伞——无法无天；一个和尚挑水吃，两个和尚抬水吃，三个和尚没水吃；十八层地狱；等等。

第四，有的习语反映了汉民族的心理和习俗。如"龙"在汉语里有褒义：龙子龙孙；龙体欠安；龙腾虎跃；龙马精神；生龙活虎；龙争虎斗。"狗"在汉语里有贬义：猪狗不如；哈巴狗；狼心狗肺；丧家之犬；偷鸡摸狗；鸡鸣狗盗；狗咬狗；看家狗；狗眼看人低。

汉语习语的英译主要采用以下几种方法：

1. 直译

有的汉语习语按原文字面翻译，其比喻效果同原文一样生动，可以与英文中对等的习语并存使用。例如：

打草惊蛇——to stir up the grass and alert the snake

（对应的英语习语：to wake a sleeping dog）

掌上明珠——a pearl in the palm

（对应的英语习语：the apple of one's eye）

竭泽而渔——to drain a pond to catch all the fish

（对应的英语习语：to kill the goose that lays the golden eggs）

画蛇添足——to draw a snake and add feet to it

（对应的英语习语：to paint the lily）

有的习语在英语中没有对等的说法，但直译也能使译文读者得到正确无误的形象意义。例如：

调虎离山——to lure the tiger from the mountain

屡教不改——to fail to mend one's ways after repeated admonition

史无前例——to be without precedent in history

声东击西——to shout in the east and strike in the west

2. 意译

有些习语的比喻形象是不能被译文读者接受的，译者只能根据该习语的实际意义进行意译。例如：

海阔天空——to talk at random

（而不是 with a vast sea and a boundless sky）

灯红酒绿——dissipated and luxurious

（而不是 with red lights and green wine）

扬眉吐气——to feel proud and elated

（而不是 to raise the eyebrows and let out a breath）

开门见山——to come straight to the point

（而不是 to open the door and see the mountain）

有的习语带有一定的中华文化背景，有的习语在字面上含有中国古代的人名、地名、典故、寓言、宗教因素等，如果照字面直译，外国读者是无法接受的，但又不能加太多的解释性文字，所以译者最好绕开字面翻译，直接译出其含义。例如：

东施效颦（东施：中国古代一丑女名）——blind imitation with ludicrous effection

初出茅庐（该典故出自《三国演义》）——at the beginning of one's career

四面楚歌（楚是战国时期的一国名）——to be besieged on all sides

立地成佛（佛教是不少汉族人所信的宗教）——to give up doing vicious deeds and become a kind-hearted person

3. 借译

有许多汉语习语在意义上与英语习语是对等的，我们可以直接用英语习语来翻译这部分汉语习语，这可以给译文读者一种亲切、生动的感觉。例如：

赴汤蹈火——to go through fire and water

横行霸道——to throw one's weight about

格格不入——to be like square pegs in round holes

过河拆桥——to kick down the ladder

总之，在不涉及文化因素的情况下，为了保留原文中的形象，要尽量用直译的方法来英译汉语习语。但在涉及文化因素的情况下，就要意译了，否则就会造成"文化失真"。如果能在英语中找到意义完全对等的习语，也可以采用借译法。

（二）汉英翻译中英语习语的使用

在汉译英时，不管翻译什么文体的文章，都可以在译文中使用与该文体相应的英语习语。虽然有一些英语习语能与原文表达同一个意思，可是往往在语域上有很大的区别，有的适用于文学作品，有的适用于科技文章，还有的适用于日常口语。因此,对于不同文体的原文,要在译文里使用不同语域的英语习语,这样才能提高英语译文的表达效果,使英语读者乐于接受译文,增强阅读兴趣。英语习语不是一朝一夕就能完全掌握的,需要我们在平时的学习中积累和运用,只有这样翻译的质量才能真正提高。

英语习语在不同文体中的恰当使用包括以下几方面。

第一,在政论文体、科技文体或法律文体中,语体要求用词准确、严肃,不求生动形象。因此,译文里出现的英语习语应该是常用、易懂、简洁的。

第二,在文学文体的翻译中,要根据原文的形象特点,尽可能适当地在译文里使用比喻生动的英语习语,使原文中的形象在译文中同样生动,做到形义兼顾。

第三,口语体英汉翻译中英语习语的使用。口语体一般指人们日常交谈的语言以及舞台戏剧中的对白,也包括小说中人物的对话。因此口语中的习语应该是口语体的,不要译成书面语。

七、对等与等效翻译技巧

(一)等效关系

维尔纳·科勒在德国的海德堡和挪威的卑尔根从事研究,发表了一些重要的成果,进一步细化了对等这一概念。科勒在《翻译科学研究》中仔细对比了"对等"和"对应"这两个相关概念。这两个术语的主要区别如下。

第一,对应属对比语言学的范畴。对比语言学对比两种语言体系,并描写其差异与相似点。其参数属于索绪尔的"语言"范畴,包括识别假朋友,识别词义、语音、句法上的干扰。

第二,对等则与具体"源语-目标语"语对及其语境中的对等物相关,是索绪尔的"言语"范畴。

非常重要的是,科勒指出:具备对应的知识表示这个人有一定的外语能力,但只有具备对等的知识和能力才表示这个人有能力做翻译。然而问题依然存在:到底是什么必须对等?科勒试图回答这个问题,为此他区分了五种不同类型的对等。这五种对等类型受到原文和接受者交际条件的"双重联系"的限制。五种对等情况分别列举如下:

第一,外延对等,指文本的语言外部内容对等。科勒指出其他文献中称此为"内容恒定"。

第二,内涵对等,与词汇的选择相关,尤其是近义词的选择。科勒认为这一类对等与其他著作所说的"风格对等"接近。

第三，文本规范对等，与文本的类型相关，文本类型不同则对等的表现不同。这一观点与赖斯的观点密切相关。

第四，语用对等，又称"交际对等"，倾向于文本或信息的接受者。这就是奈达的动态对等。

第五，形式对等，与文本的形式和美学效果相关，包括文字游戏以及原文的独特风格特征。其他著作称之为"表达对等"，不应与奈达的"形式对等"混为一谈。

表 2-1　不同对等类型的研究重点

对等类型	如何实现	研究重点
外延对等	分析对应词汇及其与文本因素的互动状况	词汇
内涵对等	是翻译最难解决的问题之一，在翻译实践中往往只能做到大致对等；翻译理论需要识别不同语言的内涵	附加维度：正式程度（诗歌语言、俚语等）、社会用法、地理起源、风格效果（古语、简明等）、使用频率、使用范畴（通用、技术用语等）、评价、感情色彩
文本规范对等	使用功能文本分析法描述语言的使用模式，寻找其相互关系	看不同交际情境中语言的使用
语用对等	为特定的读者进行翻译，优先于其他对等类型的要求	分析不同语言、不同文本中，对不同的接受者群体有效的交际条件
形式对等	在目标语中寻求形式相似，使用目标语中可能的对等形式，甚至包括生造表达方式	分析韵律、隐喻及其他文体方式是否可能达成对等

为了方便译者更好达成这五种对等，根据交际情境，这五种对等也有优先级别。译者应当首先试图做到外延对等，如果仅外延对等不够，就应该试图寻求更高级别的对等——内涵对等、文本规范对等，等等。怎么才能判定到底哪个级别的对等是合适的？这个问题尚不存在定论，不过下文所举的例子可能会有帮助。

I had wanted for years to get Mrs. Thatcher in front of my camera. As she got more powerful, she got sort of sexier.

（多年来我一直希望能为撒切尔夫人照相，她的权力越来越大的时候，人似乎也越来越迷人了。）

这句话是摄影师赫尔姆特·牛顿说的，他回忆自己曾多么希望能捕捉到英国首相撒切尔夫人的影像。如果要把这句话翻译成别的语言，如阿拉伯语，那么 sexier 这个词就会成为问题。如果试图做到外延对等，也就是用 sexy（性感）这个词来翻译，就会传达出一种"色情"的效果。内涵对等会更好一些，例如用 attractiveness（富有魅力）这个词，但可能对于这种类型文本的交际目的来说太过直接（也就是说无法做到文本规范对等）。如果把目标语读者的需求也考虑在内（例如希望得到语用对等），那么译者可能会倾向于采用 attractive femininity（富有女性魅力）或 attractive and full of life（充满魅力和活力），或者加上 so to speak（可以说）这样的词汇，好使表达显得不那么直接。在科勒看来，要做到完全的形式对等就必须创造性地使用适合目标语的表达风格，而这样的风格可能无法找到。

（二）对等的进一步发展

对等概念在 20 世纪 70 年代及其后一直是翻译研究的一个重要话题。因此，以下几位学者在有关翻译研究的综合性著作中都提到了对等，切斯特曼说"对等一直是翻译研究的一个核心概念"，巴斯奈特则在《翻译研究》的"核心问题"一章中，用一节的篇幅来谈"对等问题"。贝克的著作《换言之：翻译教程》则是每一章讨论一种对等——词汇对等、词组对等、语法对等、文本对等、语用对等，等等，不过她对此给出了先决条件："对等受到各种语言和文化因素的影响，总是相对的。"

即使作为批评的对象，对等依然是一个核心概念。批评之一是对等的概念被"循环定义"。肯尼总结道："大家希望用'对等'来定义翻译，而翻译反过来也用来定义'对等'。"可以想象，不从语言学角度进行翻译研究的学者尤其对"对等"持有批评态度。巴斯奈特总结了她所看到的问题："翻译远不只是用不同语言的词汇和语法来进行替换……一旦译者不只考虑语言学方面的严格对应，问题就产生了：怎么来判定期望实现的对等层次？"

在有关原文和译文的对比中，争论的焦点就是所谓的"第三对照物"的问题。第三对照物为不变量，原文和译文的片段都可以对照着它来进行衡量，以便估计到底在多大程度上偏离了核心意义。所提供的译文片段到底是不是对等于原文片段，取决于情境、接受者，以及期望实现的对等类型。

判定什么是不变的参照物，这必然会涉及主观性，许多学者试图从不同的理论背景出发来解决这个问题。描述性翻译研究的领军人物图里拒绝规约性地定义对等，认为译文必然是"对等"于原文的，因而他专注于识别二者间的种种联系。然而，还是有很多学者倾向于探讨翻译实践问题的，他们继续采用规约性视角来探讨对等问题。译者培训课程（这也许是不可避免的）也倾向于采用这种视角：教师根据自己对对等的理解来纠正学生的错误。因为这个原因，对等仍是翻译实践的核心问题，即使翻译研究的一些学者已不再将它作为研究的中心问题。

八、汉英翻译中的"连贯意识"

"连贯意识"指的是学习者了解英语句际衔接特点，懂得英语重形合的特点，能处处有意调节句式结构，运用或添加合适的语篇衔接手段，使译文连贯、逻辑明了，避免句与句之间衔接不当、上下文逻辑不通。例如：

[例1] 父亲说："回来了？"

我说："回了。"

"你妈刚才还在门口望哩。"父亲说着又低头去理菜。

译文："So you are back," he said, looking up.

"Yes," I replied.

"Your mother was looking out for you at the gate just now." So saying, he bent down and continued sorting out his vegetables.

[例2] "这一封真远！"碰巧瞥见从云南或甘肃寄来的信，他便忍不住在心里叹息。

他从来没有想到过比这更远的地方。其实他自己也弄不清云南和甘肃的方位——谁教它们处在那么远，远到使人一生不想去吃它们的小米饭或大头菜呢？

译文："This letter is from a real far place!" he could not help sighing inwardly when he happened to catch sight of a letter from a remote province, such as Yunnan or Gansu.

He had never thought of a place farther than that, though he himself had no clear idea at all where it was located. Who was to blame for its being so far away that people had to deny themselves, for life, the pleasure of eating, say, millet in Gansu or salted turnip in Yunnan?

以上例句中的语言意识可以概括为英语的语感，具体体现为英语的表达能力。当然，除了有良好的语感外，英语的表达能力还表现为学习者掌握了丰富的词汇、句式变化和语体风格。优秀的译者（不是翻译匠）应能用译文写出相当不错的文章，这正是翻译家与作家的一个相通之处。

如何才能获得良好的英语语感呢？在注重学生听力和口头交际能力训练的同时，决不能忽略语法基本功，不能轻视培养学生规范得体的英语口头和书面表达能力。培养良好的英语语感有以下途径。

第一，大量背诵优秀的英语范文，可以有效地培养英语语感。最好的英语范文恐怕就是我们的英语课文了。这些课文是经过很多专家精心挑选和审阅过的，文章语言的质量很高，思想性、艺术性也都很强，文体风格都很有特色。经常背诵这些范文，对英语语感的培养有着潜移默化的作用。

第二，除了背诵英语范文以外，还要通过大量的英语写作来练笔，才能使英语书面表达能力增强。如果只是背诵英语范文，英语口头表达能力可能会有较大的提高，但如果不去写作，书面表达能力一定不会有长进，甚至一提笔就会写错别字或者出现拼写错误，找不到写作的感觉和思路，也体会不到英语原文作者的写作意图。这样长期下去，英语语感是不会增强的。如果不能写出像样的英语句子，不能用英语表达自己的思想，怎么能将有意义的汉语译成流畅、地道的英语呢？从初学汉英翻译的学生的练习中，我们看到的情况往往是学生被汉语牵着鼻子走，满篇都是中文式的英语，多半是词与词的对应，单复数、主谓一致、词语的正确搭配、时态、衔接手段、分词的用法等英语语法知识，统统都被抛到九霄云外去了，短语、成语等固定词组常常是缺胳膊少腿，甚至满篇都是拼写错误，让人读不下去。我们可以看出，英语写作能力与汉英翻译能力的关系是何等密切，如果英语写作不过关，是根本无法做好汉英翻译的。

翻译练习应该占翻译教学的大部分时间，至少要占四分之三的时间。一般来讲，翻译技巧的讲解应该建立在练习的基础上，在练习中归纳和总结才符合学习者的认知规律。一定不要把翻译课上成满堂灌的讲解课和系统的知识课。教师的精讲应该是启发性的，决不应该是灌输性的。学生的翻译技能是练出来的，不是教出来的。精讲多练始终是翻译课程教学应该遵循的原则。其实，我们所说的翻译技巧都是在研究翻译产品时反思而总结出来的，了解这些技巧，有助于提高翻译产品的质量和翻译的效率。

第三章　不同领域的翻译研究

本章节围绕不同翻译领域展开论述，并且针对该领域的具体翻译问题提供了思路和方法。本章节主要从文学、旅游、广告、商务、科技以及影视六个领域展开论述，学生在学习后既能掌握终身受益的翻译写作素养和技能，也能从具体翻译案例中积累知识和方法，摆脱"翻译就是查字典""为应付考试而翻译""不假思索死译"和"信马由缰乱译"等误区。

第一节　文学翻译

一、文学翻译的含义

有人说翻译是一门科学，有人说翻译是一门艺术，有人把翻译家称为"传声筒"，有人称他们为"媒婆"，不同的界定和隐喻显现了人们审视翻译的不同角度。看问题的角度必然决定人们对问题认识的程度。北宋文学家苏轼的视域论为我们今天客观地认识和解说翻译活动和翻译研究提供了最佳的依据："横看成岭侧成峰，远近高低各不同。不识庐山真面目，只缘身在此山中。"该诗以观山为题揭示了两个普遍存在的关于人的认识能力的现实问题：第一，由于人们所处的地位不同，看问题的出发点不同，对事物的认识必然存在差异；第二，人的视野受到所处位置的限制，全景式的视野非个人所能及的，因此人对客观事物的认识难免有一定的片面性。将这种哲学思考运用到对翻译活动的认识上，我们就能根据不同的目的、不同的对象将其剥离到不同的层面。

如果把翻译视为一门科学，就是研究科技著作、使用说明、法律文献等去情感化的应用文在两种语言之间转换的可操作性，这一观点已被当代技术支持。如今，计算机翻译软件的设计和研发从语法和词汇层面上基本解决了两种语言之间的转换问题，但涉及词义的文学色彩和文化内涵、语法结构所含的意义、谋篇布局、文本风格和写作特征等超语言形式等问题时，翻译的科学观就没有说服力了。这种局面将翻译的工具性和创造性分开，也将翻译技巧的概念与翻译创作的概念分开。在传统的翻译课上，翻译技巧是教学的主要内容，常规的项目是根据两种语言的特点和差异在翻译中采用"增补、省略、词性转化、正反译法、分句与合句、抽象与具体"等技巧处理非文学文本；而对于文学文本，一些教科书采用"翻译实践"这一巧妙的术语。言其"巧妙"是因为它没有画地为牢的固定模式，也符合文学翻译的特点。

文学翻译重在"文学"二字。文学是人文学科领域，研究的是人学。每个文学文本都有很多个性特征，如作者的风格、时代信息、民族认同、社会意识形态、文化诗学等，它们是某个民族、某个时代、某位作家、某种文学范式所特有的印迹。将这些印迹翻译成另一种语言、另一种文化、另一种文学范式时，译者无处不面临着艰难的选择，这种选择常常是顾此失彼的两难选择。中外翻译史上的"直译与意译""归化与异化"等方法与策略的选择就是译者面对的两难之境。然而，这个两难之境给文学翻译研究提供了很好的切入点，研究者可循此进入文学翻译研究的广阔天地之中。

经济全球化视野中的翻译研究主要包括翻译行为在发生之前、发生的过程中、发生之后所涉及的文本内的变化和文本外因素对文本变化的干预，从中透视作为文学和文化交流主要手段的翻译所表现出的两种文化的关系、文学间的相互影响、译者的文化身份和立场、意识形态交互作用等。超越语言转换层面的翻译研究带有文学研究和文化研究的性质。20 世纪 90 年代后发生的翻译研究的"文化转向"，帮助我们重新认识翻译在各国的文化交流和文学发展史中的重要作用。把对文学翻译的研究放在不同民族、不同国家之间的文化交流、文学关系的背景下，以跨语言、跨文化、跨民族的研究为视野，探讨在此背景下翻译所产生的巨大作用。尤其在当今经济全球化语境下，各国的文化交流越来越频繁，文学影响越来越大，翻译研究的内容也越来越丰富，包括翻译对译入语国家文学范式的影响以及文化意象在译入语中的失落与变形等，探讨译本现实背后的相关问题，重新认识文学翻译的现实意义。

什么是文学翻译？这个问题的答案似乎显而易见：文学翻译即对文学作品的翻译。然而，我们在使用"文学翻译"这个术语时，很少注意到这个词的双重含义：它既可以指文学翻译作品，也可以指文学翻译的行为。如果我们进一步追问，会发现问题远非那么简单：什么是文学？什么是翻译？文学翻译与非文学翻译有何区别？文学翻译的本质是什么？对这些基本问题，我们未必能给出令人信服的答案。因此，有必要对文学翻译的概念进行简要的梳理。

关于"文学"（literature）一词的概念，古今中外都存在广义和狭义之分。

广义的文学是指所有的口头或书面作品。狭义的文学指的是所谓的情感虚构或富有想象力的作品，如诗歌、小说、戏剧、散文等。然而，还有一些难以归类的作品习惯上也被视为文学作品，如传记、散文、纪录文学、儿童文学等。一般而言，文学翻译是指诗歌、散文、小说、戏剧、杂文、传记、儿童文学等文学作品的翻译。

文学是语言的艺术，而翻译的核心是语言。因此，语言的运用不仅是文学区别于非文学的首要特征，而且也是文学翻译关注的首要问题。那么文学语言究竟有什么特征呢？波洛克在《文学的本质》一书中对文学语言与科学语言、日常语言进行了比较全面的区分。

第一，文学语言远非仅仅用来指称或说明，它还有表现情意的一面。文学语言强调文字符号本身的意义，强调词语的声音象征。

第二，文学语言对于语言资源的发掘和利用更加用心，也更加系统，具有一贯和透彻的"个性"。

第三，文学语言一般不以实用性为目的，而是指向审美的。

第四，文学（语言）处理的大都是一个虚构的世界、想象的世界。

根据这段论述，我们概括总结文学和文学语言的特点如下：文学作品的内容是虚构的、想象的；其目的是审美；文学注重的不是语言的意义，而是语言本身；文学语言具有丰富的内涵，与该语言的所特有的历史文化有着密切的关系；文学语言形式上丰富多彩，具有创意性，语言独特，具有节奏和韵律。简言之，文学的想象性、审美性、创造性、抒情性是它与非文学（科学和日常语言）的显著区别。当然，我们也必须明白："艺术与非艺术、文学与非文学的语言用法之间的区别是流动性的，没有绝对的界限。"此外，不同文学体裁在上述性质上的表现程度也不尽相同。例如，小说对语言形式（音韵、格律等）的关注就不如诗歌和散文，而后两者对语言描写的内容（人物、情节、环境等）的重视就远不如小说。总之，从语言的所具有的特征方面来讲，文学翻译作品的语言应该具有想象性、审美性、创造性和抒情性。从内容上来讲，文学翻译是对文学作品的语言形式、艺术手法、情节内容、形象意境等的再现。

上面从三个不同侧面对"文学翻译"的界定，在一定程度上厘清了文学翻译和非文学翻译的关系。然而，上述定义却无法回答文学翻译行为本身的性质问题：文学翻译是对原作的临摹还是创作？是一门语言转换的技巧还是货真价实的艺术？文学翻译是否具有不同于文学创作的性质？对这些问题的回答不仅仅是概念问题，而且是关乎我们如何看待文学翻译的本质、地位、价值、标准、方法和评价的关键步骤。

二、文学翻译的本质与特点

兰德斯在他的《文学翻译实用指南》一书中对"文学翻译"做了如下说明：人们通常认为译者只需处理文字，但这只是部分正确。无论他在翻译什么，他都需要与思想打交道。而文学翻译家需要与各种文化打交道。

从非常实际的意义上讲，《时代周刊》在十多年前将文学翻译家称为"文化信使"是正确的。将文学翻译家比喻为"文化信使"就是承认文学翻译中文化传递的本质性意义，而这种文化传递是以异国特有的文学样式为载体的，也就是说，文学翻译打开了一扇了解异国风情和文化的窗口。

谢振天说过："翻译理论的实用主义态度带来了两个直接的后果。首先是局限了翻译理论的范围，把翻译理论仅仅理解为对'怎么译'的探讨，也就是仅仅局限在应用性理论上；另一个后果是把理论的功能简单化了，使人们以为似乎理论只具有指导实践的功能。"笔者认为这一说法是对翻译理论，尤其是传统的翻译理论的一大突破。《辞海》中"理论"词条在"理论的重要意义在于它能指导人们的行动"前面还有这么一段话："（理论是）概念、原理的体系，是系统化了的理性认识。科学的理论是在社会实践基础上产生并经过社会实践的检验和证明的理论，是客观事物的本质规律性的正确反映。"这就点出了理论的认识功能，即帮助人们理性地认识客观事物，包括人们的实践。就译者的风格来说，我们也注意到，翻译是一个矛盾的多面体。在再现原著风格的同时，译者风格的存在是不可避免的，即双重风格。翻译中的风格问题是一个十分复杂而又不可回避的问题。

从这个意义上来说，文学翻译是一个极其复杂的文学活动，对其展开的研究同样具有很大的复杂性。这里我们仅从文学翻译的两个关键词，即"翻译"和"文学性"入手探讨其复杂性。

（一）多重因素介入翻译

汉语中"翻译"一词可以作动词、名词、修饰语而词形不变，而在英语中则有不同的词形，如 translate、translating、Translation、translations。这些词不仅词形不同，在表意上也略有差异。translate 和 translating 是翻译过程（the process of translation）；可数的 translations 则是翻译的结果（the product of translation process），即通常意义上的"译本"；而大写字母开头的 Translation 是对翻译现象的抽象表述。休森和马丁指出，在这个层面上"翻译是一个歧义性术语，它既可指翻译生产（translation production），又可指翻译结果（translation product）"。虽然这几个词的所指不同，但是出发点或者说词根都是"translate"。"translate"的行为主体是"人"，他/她应该为"translate"这个动作的全过程负责，他/她与一般人的差别在于他/她具有翻译的能力。翻译所涉及的原文、源语文化、译者、译文、译入语文化等多重因素中，每个因素都是可变的。原文由于读者的阅读而具有开放性意义，这是"一千个读者就有一千个哈姆雷特"的效应；源语文化与译入语文化都处于历史的流变之中，这使得对产生于源语文化或者进入译入语文化的文本的解读都有了历时性特点。

每个时代都会有自己的文学思潮和文化形态，文本框架内的主流诗学引导译者将原文改写为符合社会审美取向或者诗学特征的译文。在翻译过程中，译者作为诸多因素中最活跃的因素，首先以读者的身份进入对原文本的阅读评价之中，在对选定文本的翻译中，其文化身份、民族认同、意识形态、价值取向、审美标准等都会介入从理解到翻译的过程，这些因素的干预是同一原文本能够拥有多位译者和不同译文的原因。在社会现实中，意识形态就像一张无形的网，对翻译的影响无处不在，它不时地影响或干预译者的思维或行文。不同译者翻译的译文在译入语文化中接受的情况差异很大，影响译本接受的因素很多，如译者在译入语中的权威地位、译入语的文化诗学、译入语社会对原文的热情、源语国与译入语国在国际上的话语权等。对翻译多元化的关注带来的翻译研究范式的转变是当代翻译理论界的一大特点。翻译理论家从各自的研究立场出发，在翻译理论模式与研究方法上互相借鉴，对翻译活动做出了各自不同的描述。翻译研究缘起于翻译活动，而翻译活动最大的特点就是自身带有方向性。认识翻译活动中的方向性关系到翻译研究的方向性，关系到我们探讨翻译中各种问题的角度。翻译活动是将一种语言转变为另一种语言的过程，译者是完成翻译活动的主体。从译者的角度出发，将外语翻译成母语的过程是"向内"翻译过程，将母语翻译成外语的过程是"向外"翻译过程，这两种不同方向的翻译过程反映在译者身上不一样，其翻译效果与译本接受自然也不一样。在当代文化学派的"翻译并不是发生在真空中"的叙述中，包含了作为翻译行为主体的译者"也不是生活在真空里"这样一个逻辑推理。译者的生长环境和知识背景使他对外来事物的判断有了"文化预设"标准，因此他就失去了做一个"法官式"译者的条件。

当代的各种翻译理论普遍强调了译者的主体性，实际上就等于承认了译者受文化（通常是母语文化）制约将自己的文化观作用于译本上，这一点比较突出地表现在译者将外语文本翻译成母语文本的过程中。

在今天经济全球化的语境下，人们的生活环境发生了变化，很多人有机会到国外生活和学习，他们对国外的文化、生活方式有了较好的认识和体验。但是由于他们的母语文化观念形成于早期的受教育阶段（一般认为家庭教育到高中），文化观念一旦形成，他们就会自觉地用它来衡量一切外来文化，即使是生活在国外的环境下，他们的母语文化也仍然发挥作用。因此，任何人都不可能成为一个摆脱了母语文化影响的译者，他的翻译依然有文化倾向。现实生活中，会出现一个译者用母语以外的另外两种语言完成语际翻译的情况，但多数局限于小语种或者古代语言之间的翻译上。从译者角度来看，"向内"或者"向外"翻译在翻译目的、翻译策略、翻译效果、译本接受等方面均有不同，翻译研究因此具有了方向性。

在翻译研究中，许多研究者试图建立一种普遍的原理以说明翻译中普遍存在的现象，但是由于其研究对象方向性的存在，这些试图阐释普遍原则的理论通常只能说明翻译中的一种情况。因此，在翻译研究中阐明研究的出发点和立足点是非常必要的。翻译研究中的方向性意识在研究者设定译学界的术语时就产生了，如源语、译入语、目标语、指定文本，以及由此衍生的源语文化、目标语文化等，这些术语在具体的文本分析中都会因译者的文化归属而有具体的方向性指向。

翻译研究的方向性也表现在翻译研究者的论述中，当代著名解构主义翻译理论家劳伦斯·韦努蒂谈到翻译的任务时说："既然翻译的任务是使异域文本在本土的表达易于理解，那么利用翻译的制度就容易受到来自不同的，甚至是不兼容的文化原料的渗透。"他论述的出发点是译者将异域文本译介到本土的情况。由于翻译活动涉及两种语言的转换，翻译研究涉及一种文化对另一种文化发挥作用的事实，研究者所关注的问题同样带有方向性。从传统研究话语常见的"忠实"与"背叛"到当代研究中的"归化"与"异化"，"全球化"与"本土化"等，除了这些二元对立式的术语本身显示研究者的倾向之外，还有各种翻译理论适用的倾向性。语言学派翻译理论强调"对等"原则，"对等"不是"平等"，是译文要以原文为标准，这种翻译理念突出了原文的地位，而译文只是原文的附属品。功能学派的翻译理论从翻译目的出发，提出忠于原文不是评判翻译的唯一标准，译本面对的是译入语文化，应该由译入语文化最终决定译本的意义和价值。阐释学派的翻译理论借用了哲学阐释学的基本原理，认为翻译与阐释有着非常密切的关系，翻译即理解，译者带着自己的理解对原文进行阐释。弗里德里希·施莱尔马赫明确指出这种阐释性的翻译可以有两种途径：一种是译者不打扰原作者，带读者靠近作者；另一种是译者尽量不打扰读者，使作者靠近读者。施莱尔马赫所提供的这两种途径本身都含有方向性，而在理解与阐释中译者的"前理解"或者"前见"对翻译最终的文本倾向有很大的干预作用。乔治·斯坦纳将翻译的过程看作阐释的运作过程，这个过程中的每一步，即信赖、侵越、吸收、补偿都是一种文化对另一种文化的"道说"。文化学派的翻译理论所使用的术语昭示其研究上的方向性，"文化改写"和"名声的操纵"都是顺应或反叛译入语社会主流的意识形态和文化诗学的结果，而绝非没有文化归属的意识形态或文化诗学。历史、社会、文化对于译者向内翻译和向外翻译的影响是不同的。解构主义翻译理论解构了传统翻译理论中译文依附于原文的观点，甚至认为原文要靠译文才能生存下去，并且文本的生存不是靠原文本身所包含的特性，而是依赖于译文文本所包含的特性。译文的制造者——译者个人的文化身份对于译文文本是以"归化"还是以"异化"的面目问世有着很大的影响。

（二）文学翻译中文学性的再现

翻译研究如果将研究的对象设定为非文学翻译，如科技翻译、法律文献翻译、说明书翻译等，从语言对等的角度研究译文和原文的对应关系是可以的。但是，当我们的研究对象设定为文学翻译时，仅从语言层面上对语言转换的单位、转换的方式进行研究，则无法解决文学翻译中所含的人文特征。翻译研究发展到今天，特别是经历了西方翻译理论界倡导的"文化转向"（cultural turn）之后，已经负载了厚重的文化内涵和文学特征，这使得翻译尤其是文学翻译不仅是语言层面上开展的活动，而且具有更多的文学和文化研究的属性。语言作为文化的载体，它在转换时必然受到不同形式的意识形态的影响，这就决定了翻译实践及翻译研究的人文性质，而非"科学"一词所能解释得了的。文学翻译的本质是什么，究竟应该怎样描述它的本质特征，至今仍是一个有争议的问题。当前较为流行的说法是"文学翻译是一门艺术，它是译者让译文在译入语国家延存和产生影响的再创作活动"。把翻译当作一门艺术，也就承认译者独立的创作空间，承认社会对它的反作用，承认翻译活动的开放性。

就"文学"这一术语而言，学界对其认识也呈现多样化。文学是语言的艺术，语言是文学的媒介，这一点没有异议。《尚书·尧典》中的名言"诗言志"是最早的文学观念表述，此中"诗"的功用和特征都是通过"言"得以体现的，而"诗"字（表现了诗的原初观念）本身就是一种"言"（诗人之言）。

在古代的西方，柏拉图在《斐德若篇》中说文学艺术家天生具有语言才华。雷纳·韦勒克和奥斯丁·沃伦在《文学理论》中指出："'文学'一词如果指文学艺术，即想象性的文学，似乎是最恰当的。当然，照此规定运用这一术语会有某些困难。但在英文中，可供选用的代用词，不是像'小说'或'诗歌'那样意义比较狭窄，就是像'想象性的文学'或'纯文学'那样显得十分笨重和容易引人误解……"

在中国古代文学理论中，文学性往往通过诗论集中表现出来并被概括为"诗意""韵味""兴趣""神韵""意境"等术语，西方则有"诗性"之说。俄国形式主义文论则明确以"文学性"作为文学理论的起点。文学理论发展的历程显示：文学创作不断进化，对于文学规律的认识及理论表述也随之生成。"文学"这一概念逐渐形成了一些相对稳定的内涵。这些内涵体现了人类对于文学活动需求的相对一致性，这或许就是关于"文学"实现基本共识与尝试性阐释理论存在的可能性之基点。关于文学的基本共识主要集中在两大方面：第一是创作与文体方面，第二是文学观念方面。在创作和文体上，"诗"（韵文）和"文"（散文）两大类文体样式至今仍然是最流行的文体。其中，"诗"（韵文）所具有的语言和思维的特征（与"诗意""诗情""诗思""诗言""诗象""诗材""诗境""诗兴""诗性""诗学"等术语共生互明），成为"文学性"的重要标志。

1. 文学语言的张力

中外文学理论中被经常论及的文学特征与语言性有关：追求"言外之意"关乎"言"，运用隐喻象征依靠"言"，文学思维（主要是想象）也离不开"言"。无论何种新锐极端的文学理论学说，都无法逃脱语言性的问题。西方文学理论近来又重归语言本体的分析，这都说明语言性在文学性中有着起点的、根本的意义。

相关的论说遍及整个文学理论的历史。与日常语言不同，文学语言表现的是"言有尽，意无穷"的意境，这就为翻译设置了难题。

2. 情感表现的复杂性

审美情感既是文学自身的特点，也是文学创作要考虑的重要方面。因此，作为审美情感的语言呈现的文学情感是使文学具有审美性的重要因素。也就是说，文学用以抒情，文学的发生来自人的感情活动。中国古代大多数文论认为，"情性"在特殊的语言方式（如吟咏）中得以表现，是写"诗"或行"文"的基本特点。西方文论中的情感（心灵）本质论也极为丰富，这一认识几乎贯穿了整个西方文学理论史。当代美国文学理论家苏珊·朗格在她的《情感与形式》《艺术问题》《心灵：论人类情感》等著作中都反复论说了情感在艺术（包括文学）中的核心意义，并得出了一些重要的结论。"一首抒情诗的主题（所谓

'内容')往往只有一线思路、一个幻想、一种心情或一次强烈的内心感受""抒情诗创造出的虚幻历史，是一种充满生命力思想的事件，是一次情感的风暴，一次情绪的紧张感受"。对此，古今中外的文学理论家在很大程度上予以认同。

3. 意象审美与形象塑造

文学的形象特征得到了古今文论家的广泛认同。在关于文学起源的古老言说中，无论中国的"感物"说还是西方的"模仿"说，都包含了文学摹写自然景物或社会人事之"象"的认识。文学将审美感受形象化的特点也得到了中外理论家的反复陈说。在西方文学理论中，从亚里士多德的《诗学》开始就讲文学的"临摹其状""制造形象"。在现实主义的"典型形象"论中，在象征主义和20世纪欧美"意象派"诗论中，文学的意象性始终作为文学的本质因素被反复论及。意象（形象）性是文学与其他艺术形式的共性，意象（形象）性使文学区别于其他语言形式的意义就在于在"言""意"之间增加了"象"的环节，将审美意蕴通过形象化方式（比兴、象征）间接地传达给读者。中外文学理论都承认，文学文本的基本样式是通过文学语言塑造生动、可感的艺术形象，许多文学理论涉及的范畴和流派与文学的意象（形象）性有关。

4. 想象与虚构

这一性质关系到文学的思维特质，是由情感（心灵）性决定的。《韩非子·解老》论"象"时说："人希见生象也，而得死象之骨，案其图以想其生也，故诸人之所以意想者皆谓之象也。今道虽不可得闻见，圣人执其见功以处见其形，故曰，'无状之状，无物之象'。"作为观念的"象"虽然得自客观物象（即"生象"），其本义并非实物的形状外貌，而是由此及彼、由局部想见整体、在想象中形成的主观之"象"、意中之"象"。中国传统文学理论历来极为重视想象，并将想象性视为文学的特质。在中国传统诗学中，"兴"最富于文学本体因素的概念，而"兴"的重要含义就在于言外之意的审美想象。想象性是文学赖以存在的基本因素。

西方文学理论也极为重视想象和虚构的意义。达·芬奇说："在想象的自由方面，诗人可与画家比肩。"黑格尔在《美学》中称："如果谈到本领，最杰出的艺术本领就是想象。但是我们同时要注意，不要把想象和纯然被动的幻想混为一事，想象是创造性的。"卡勒明确指出了文学的一个基本特征就是文学一直具有通过虚构而超越前人所想所写的东西的可能性。文学思维是一种创造性思维，主要就表现在其想象意义以及对现实的虚构关系上。

如前所述，文学的丰富内涵及其与各类文化现象的复杂关系造成了"文学"

普遍性理论存在的困难，也为文学翻译的欣赏与批评带来了诸多争议。对文学翻译的认识需要在对文学认识的基础上加以提高。文学翻译的过程也是文学审美的过程。文学翻译的审美特征主要表现在两个方面：第一，文学翻译再现原作的艺术美；第二，文学翻译是一种创造性的活动，具有鲜明的主体性，其创造性的程度是衡量审美价值的尺度。从文学翻译活动的内涵看，它是一个由阅读、体会、沟通到表现的审美创造过程。在这一过程中，译者通过视觉器官认识原作的语言符号，这些语言符号映射到译者的大脑转化为概念，由概念组合成完整的思想，然后发展成更复杂的思维活动，如联想、评价、想象等。译者阅读原作时，头脑中储存的思想材料与原作的语义信息结合，达到理解和沟通，同时其主观评价和情感也参与从阅读到翻译的全过程，译者主体对原文的解读令其通过译语最终表现出来的东西可能是正确的，也可能是谬误的。然而，不管译作正确与否，翻译活动本身无疑是一种创造，因为它涉及译者的想象、情感、联想等审美心理因素。

对于文学翻译的审美本质，我们还可以从译者与原作的审美关系来理解。以往研究文学翻译，人们偏重于从哲学认识论的角度看待翻译过程，注意力往往集中在译者的正确理解与表达上。译者作为翻译主体，在翻译过程中是被动的，只能亦步亦趋地跟在原作后面爬行。这种以理性为中心，以语言学原理为基础的翻译模式对于非文学翻译无疑是正确的，但对于文学作品来说就未免过于简单了。文学作品是一个复杂的艺术整体，它的内容丰富多彩，可以是一个人的内心独白，可以是一个人的瞬间感受，可以是一幅宏伟壮烈的战争画卷，可以是一段富有诗意的爱情故事，可以是整个社会的缩影，也可以是某一段奇特生活的写照。总之，文学作品容量极大，并且处处流露着艺术美。

在文学翻译过程中，译者与原作之间是审美关系，译者的审美趣味、审美体验和审美感受直接关系着能否准确传达原作的艺术美。在翻译活动中，译者是原作艺术美的欣赏者、接受者和表现者。从欣赏、接受到表现，有一个重要环节，即译者的审美再创造，或者叫作心灵的再创造、情感形式的再创造。从国外接受美学的观点看，文学作品要体现自身的价值，必须通过读者阅读。不然，它就是一沓印满文字符号的纸。艺术作品为人们提供一个多层次的未定点，人们通过阅读和理解填补空白，将其具体化，最终使作品的意义从语言符号里浮现出来。译者凭着超出常人的文学修养和审美能力，阅读、透视和体会原作的方方面面，再以其创造能力把体会和理解表现出来，最终完成翻译过程。译者的审美视角、审美能力和表现力因人而异，所以一部原作会有多部不同的译本。

文学翻译有别于一般翻译。由于翻译对象是文学文本，原文文本自身具有很强的文学性，因而文学翻译要求再现原文的文学性。文学翻译目的是要传播异域文学与文化，这就要求其翻译文本必须符合读者对文学作品的审美需求和接受心理。但是，由于文化传统和文学体系的不同，如何在文学翻译中完美地再现原文的文学性，甚至对原文文本进行再创造，是文学翻译中的一大难点。

三、翻译的理想与理想的翻译

（一）翻译的理想

这个看似文字游戏的题目包含了翻译史上颇具争议的话题。翻译的理想与理想的翻译是两个不同的话题，但又有很强的相关性，因为它们承载了人们对翻译活动最理想状态的想象。

翻译就是人类打破自身的孤独以便认识更广阔世界的手段，并且是一种最为行之有效的沟通行为和手段，不管是在实际运用上还是在研究上都广泛地受到人们的重视，在人们的心中有着"翻译的理想"。实际上，"翻译的理想"就是让所有操着不同语言的人都能够沟通，之所以说这种愿望只是一种理想，是因为人类的语言并不是只有两三种或者七八种，而是有数千种，人在有生之年要掌握十几种语言是很难的，何况数千种。但人类是聪明的，他们把这种彼此沟通的努力放到了人类历史长河之中，通过学习和翻译实现两种语言的互译并使其相交成一股股涓涓细流，汇入历史长河之中。

"洪荒造塔语言殊，从此人间要象胥"是对翻译起源的艺术概括，而"通天塔应该是神话起源之神话、隐喻之隐喻、叙述之叙述、翻译之翻译"说的也只是一种"无源之源"式的期盼，体现了人在认识上的限制和对语言世界的想象。

历史上留下的许多译本证明了人们彼此交流的事实，对译本的评论体现了人们对翻译的认识与希望。这就让人们在欣赏着自己创造的翻译史的同时，常常质疑翻译中存在的问题，在质疑中不断提高翻译实践水平和翻译研究水平。人们质疑最多的问题之一是可译与不可译，这个问题直接反映了翻译理想的建构与破灭。可译性及不可译性的争论伴随着整个翻译发展的历史。体现最极端的不可译观点的是诗人对诗歌翻译的抗议。诗歌是一种重要的文学体裁，它是形式和内容高度融合的一种文学样式。诗人通过精妙地使用语言来表达自己的情感，同时诗歌的形式与该语言的形态有着直接的关系，其形式和内容都有很强的民族性，这就为诗歌的翻译带来了巨大困难。美国著名诗人罗伯特·弗罗斯特是一位偏重哲理性思考的保守主义者，关于诗歌，他曾说过这样一个绝对的论断："Poetry is what gets lost in translation.（诗即译中所失。）"苏珊·巴斯奈特将这句话解读为诗歌是某种摸不着、道不明的东西。尽管诗歌由语言构成，但它不能转换成另外的语言。

英国著名诗人雪莱关于诗的翻译也有段著名的论述："试图把一个诗人的创作译为另一种语言，犹如将一朵紫罗兰投入坩埚，希冀借此发现花色与花香的原理，这并非明智之举。紫罗兰必须再次萌生于种子，否则开不出鲜花，这是巴别塔之咒的负累。"这段话试图说明，把一首诗从一种语言译为另一种语言，就好比用科学的方法分析一朵花，以确定它的芳香与色泽源于何处一样荒诞不经，诗歌的可译性因此被否定了。雅各布森特别强调"诗律"是不可进行移植的。以中国古代诗歌为例，传统的格律诗讲究押韵，即每一行都有平仄的要求，行尾有音韵限制。绝句中的对称之美、音韵之美、修辞之美、变化之美是无法翻译的。

持可译性观点的人基于不同国家的文本不断被翻译的事实，论证翻译的可能性。在他们看来，如果语言是不可翻译的，那么译本何来？这些人从唯物辩证法的观点出发，推导出这样一个观点：既然世界上的一切事物都是可知的，文本从总体上来说也一定是可译的。西奥多·萨沃里从人类思维结构的相同性方面分析，认为这是使翻译成为可能的主要因素。虽然这些著名的诗人和翻译研究者都对包括诗歌在内的翻译持否定态度，但现实中有很多翻译实践家在努力地做着翻译工作。中国从古代诗歌到现代诗歌的重要作品几乎都有英译本。那么，这些难道都是误译吗？不尽然。被视为"法国翻译语言学理论的创始人和重要代表"的乔治·穆南的翻译思想在法国乃至整个西方翻译理论界具有重大的影响。他在其代表作《翻译的理论问题》中以翻译现实为研究对象，提出可译的观点：第一，翻译是可行的，但存在着一定限度；第二，翻译的可行性存在于其限度之中，而其限度也不是一成不变的。穆南既看到了翻译（尤其是文学翻译）中的困难，又看到了翻译的必要性；既指出了翻译的可行性，又指出了翻译的限制性。诗歌不断被翻译的现实表明了人们进行文学交流的愿望，这种愿望不断催生诗歌的翻译。面对这种现实，研究者已经没有必要再谈"不可译"的问题了，而应该思考"译了什么""怎样译"和"译文的影响"等问题。

总而言之，可译性和不可译性是相对的概念，没有绝对的可译和不可译。可译的问题实际上是可译的程度问题而不是翻译的可能性问题。以与原著相等为其终极目标的翻译在现实中总是相对的，因为绝对的翻译是不可能的，可能的只是在人类"翻译的理想"之下的一种格式的完整。

（二）理想的翻译

"理想的翻译"表达的是人们对于好的翻译应该达到的状态的期待，它在现实中被具体化为翻译标准的问题。翻译标准是翻译家和翻译理论家长期以来重点讨论的话题。由于翻译的标准只能是定性而非定量的，因而对于翻译标准在不同时期不同论者有着不同的见解。在东西方的翻译标准中，"忠实"一直都是核心问题。自翻译诞生至其后的两千多年的翻译实践中，"忠实"问题一直困扰着东西方翻译理论界，他们的"忠实"观在翻译的历史长河中对人们的翻译实践起到了巨大的指导作用。

1. 哲罗姆开创"忠于原典"的模式

对等概念是哲罗姆翻译模式的核心。在这个模式下，文本需要被尽可能忠实地转换成另一种语言，强调词与词的对应翻译，译文要忠实于源语文本。这个模式的产生有其特定的文化背景。哲罗姆所处理的是神圣不可侵犯的宗教文本《圣经》，译者自然应该怀有敬畏感。哲罗姆的这些翻译标准虽然在实践中很难实现，因为严格按照词与词对译的原则而不顾句法结构，会把原文翻译得让人难以理解，但是他的这个理想被留存了下来。西方最初的翻译实践多以翻译《圣经》为主，这种极尽忠实的做法深深地影响了后来的翻译观念，这就是勒菲弗尔所说的，最初尝试着做某件事情注定会形成一种传统，其在这里被文化学派归结为一种翻译模式。

中国大规模的翻译实践以翻译佛教经文为开端，最为著名的翻译家是唐朝的玄奘。他留学印度十九年，精通梵文及印度的许多方言和俗语。他提倡忠于原典、逐字翻译的译经原则，这是哲罗姆模式在异地的回应。在翻译过程中，玄奘不断总结翻译经验，创立了"五不译"原则。所谓"五不译"就是在把梵语翻译成汉语时，有五种情形不予翻译，而保留其原音（音译）。这五种情形如下。

第一，秘密故不译。例如，"经中诸陀罗尼"是佛之秘密语，微妙深隐，不可思议，所以不把它的意思翻译出来而保留原音。

第二，多含故不译。例如，"薄伽梵"一词，兼具自在、炽盛、端严、名称、吉祥、尊贵等六意，所以不可任意选择其中一个意思来翻译。

第三，此无故不译。例如，阎浮树产于印度等地，中国没有，所以保留原音。

第四，顺古故不译。例如，阿耨多罗三藐三菩提，意思是无上正等正觉。自东汉以来，历代译经家都以原音翻译，所以保留前人的范式。

第五，为存尊重之心故不译。例如，般若、释迦牟尼一概不翻译为智慧、能仁、道心众生等意思，这是因为前者能令人产生尊重之念，后者则容易被轻视。

玄奘在这些原则的指导下所翻译的佛教经文和梵文可以说是最接近原文的，体现了对原文和著者的极大尊重及对佛教的虔诚。

巴斯奈特和勒菲弗尔认为，随着时间的推移，哲罗姆模式在西方已不再流行，对等不再被视为词典中机械的词词对译，而是由译者做出的翻译策略选择，译者逐渐意识到忠实应该是使文本能在最佳状态下被目的语读者接受。他们进而提出翻译不是发生在真空中的，也永远不可能在真空中被接受，这些变化之所以发生就是因为人们意识到了翻译中语境的重要性，这个语境既包括历史也包括文化，人们从信仰一种忠实，逐渐认识到现实中的不同语境有不同的忠实。也就是说，忠实并非是机械的忠实，而很有可能是在一些情境中要做到忠实，而在另一些情境中须做出调整。

2. 贺拉斯模式对目的语读者的忠实

协商是贺拉斯模式的中心观念，它反对与对等相关的传统忠实。在这个模式中，忠实的翻译并不是指忠实于文本，而是指忠实于译文读者。如果译者能及时完成工作并令双方都满意，那么这个翻译就是忠实的，并且是可以被相信的。对于一个口译者来说，他必须在说话人与听话人之间用两种语言协商；对于一个笔译者来说，他就要在读者和两种语言间协商。

在贺拉斯模式中没有神圣的文本，但有一门有特权的语言——拉丁语。翻译最终总会向特权语言倾斜，也就是说翻译并不总是绝对对等的。拉丁语在贺拉斯时代的地位和英语在今天的地位非常接近。今天许多文本被翻译成英语，特别是第三世界国家的语言被翻译成英语后，其译本几乎必然地向英语倾斜。这和以色列学者埃文－佐哈尔在研究希伯来文学的过程中建立的文学多元系统理论一脉相承。他认为文学是由多个系统组成的多元系统，各个系统的地位不一，有的处于中心，有的处于边缘。根据多元系统理论，在翻译外语文本时，处于中心位置的强势文化常常会采取归化策略，而处于边缘位置的弱势文化则往往采取异化策略。这其实都是针对翻译向目的语文化倾斜，忠实于目的语读者群体而言的。举例来说，庞德这位旷世翻译奇才一直是翻译界关注和争论的对象。他把一生中很长一段时间都用在中国古诗及儒家经典的英译工作上。《华夏集》迎合了当时读者的趣味，这使他翻译的中国古代诗歌被爱好新诗的读者很好地接受。在这部作品中庞德采取的是归化策略，其归化程度之高使很多评论家一致称之为"一组基于中国素材的英语诗歌，而不是翻译作品"。庞德采取的翻译策略与巴斯奈特和勒菲弗尔所说的贺拉斯模式及埃文－佐哈尔的多元系统理论相吻合。他用强势的英美文化刻意抹杀存在于中国文本里的语言和文化差异，竭力将中国文本同化成纯英文文本。以他翻译的刘彻悼念李夫人的《落叶哀蝉曲》为例，原文如下：

落叶哀蝉曲

罗袂兮无声，

玉墀兮尘生。

虚房冷而寂寞，

落叶依于重扃。

望彼美之女兮，

安得感余心之未宁？

庞德将其译为：

Liu Ch'e

The rustling of the silk is discontinued,

Dust drifts over the courtyard,

There is no sound of footfall, and the leaves

Scurry into heaps and lie still,

And she the rejoicer of the heart is beneath them:

A wet leaf that clings to the threshold.

这是庞德对原诗巧妙的再创造。题目从原文的《落叶哀蝉曲》到译文的《刘彻》，庞德让诗作者刘彻从睹物思人的诗文背后走到读者面前，这一改变奠定了译诗的基调。如果说原诗的题目重在意境，那么译诗的题目重在人心，这对于译诗接下来的意象呈现有一种非常具体的统率作用。原诗并不是一首标准的意象诗，而是在寂寥、凄清的氛围中表现了汉武帝对亡姬的怀念，抒情性很强。与原诗相比，庞德的翻译滤去了情感的色彩，更多地倾向于意象的呈现。前面四行的意象均出自原诗，在庞德这里构成了一幅由"丝衣""浮尘""落叶"组成的完整画面。最后一行"一片潮湿的叶子粘在门槛上"是庞德意象诗风的典型标志。这是他创造性的添加，在形式上与上面五行相隔，构成诗的第二节。从语句连贯性来看，最后一句有点突兀，似乎缺少必要的衔接，给人的感觉是，如果将上面五行看作一幅完整的画面，那么最后一行就像"一片潮湿的叶子"粘在了上面。这种"粘"的手法其实也是一种意象并置的方式，在并置中，"树叶"的形象被放大了，形成一种特写效果。我们似乎能看到叶子孤独的形象，感受到它独自粘在门槛上的痛苦。作为一首英文诗歌，它的艺术性很高，我们感叹庞德的诗才，他最后添加的这一行绝非画蛇添足，而是神来之笔。庞德借用了原诗中凄清、哀婉的意境，通过"丝"代替"罗袂"、"断"代替"生"、"无踏步声"代替"寂寞"，用《刘彻》代替了原文《落叶哀蝉曲》这一标题，使原诗的意象更加具象化。赵毅衡将庞德的这首《刘彻》译回汉诗：

刘彻

丝绸的窸窣已不复闻，

尘土在宫院里飘飞，

听不到脚步声，而树叶

卷成堆，静止不动，

她，我心中的欢乐，长眠在下面：

一张潮湿的叶子粘在门槛上。

赵毅衡的回译采取了直译的方式保存了庞德英译诗的特点，采用了散文体的译诗风格，句子结构也基本保留了译诗的结构，突出了"树叶"这一经由庞德添加而成为经典的意象，以及用"有"来传达"无"这样的表现手法，可以让我们清楚地看到庞德的译诗与原诗的不同，方便我们去了解和体会庞德在美国是如何构建中国诗歌的。在庞德诗中我们感受到了更多的语言的张力。庞德的翻译或者更确切地说是改译，抵制了传统的维多利亚诗风，迎合了当时美国流行的意象主义诗歌运动。因此，我们可以明确这一点：庞德的翻译只为读者做。

3. 施莱尔马赫模式对异质文化的保留

在施莱尔马赫著名的讲演《论翻译不同的方法》中，他强调：将不同的语言翻译成德语应该读起来听起来都不一样，读者应该能猜到这是从西班牙语翻译过来的，或是从希腊语翻译过来的。如果所有的翻译读起来听起来都一样，那原文本就失去了个性，损毁了它在目的语文本中应有的特色。施莱尔马赫模式强调异质翻译的重要性。目的语文化的特权地位被否认了，原文本的地位受到了保护，也就是说在翻译中要保存源语文化的异质成分，这也体现了交流的目的。文化交流的意义在于通过对异质文化的保留，让目的语读者对他者文化有更好的了解，因而更好地认识自我、发展自我。可以这样说，翻译是在同中有异、异中有同的基础上实现自我与他者的对话。如果在译文中涂上一层浓厚的译语文化的色彩，就会背离翻译传播源语文化的目的。过分地迁就译文读者的文化习惯，就会造成对源语文化的亵渎和扭曲，就会犯张冠李戴的毛病。比如，把英语词 fictitious 译成"子虚乌有"就过分地照顾译语文化了，因为只有汉语才有"子虚"这个典故。"子虚"出自司马相如的《子虚赋》，意思是虚构的东西，而源语文化中是没有这个典故的。强行译成"子虚乌有"就是对源语文化的扭曲，并且还会让目的语读者以为源语文化中也有这一典故，产生错觉，这就违背了翻译的初衷。

第二节　旅游翻译

一、旅游的产生与发展

旅行活动是人类文明的象征之一，旅行的历史其实就是人类活动流动性的一种表现。目前，国际上旅游研究者普遍接受的是艾斯特关于旅游的定义，他将非定居者的旅行和暂时居留而引起的一种现象及关系的总和定义为旅游。

世界旅游历史可分为古代旅行和旅游、近代旅游和现代旅游三个时期。古代旅行和旅游（1841 年以前）往往与通商贸易、宗教旅行以及奴隶主、封建帝王的巡游活动相结合，其中，宗教朝圣为远途旅行的重要方式。以欧洲人为代表的探险、考察旅行相对发达，但具有殖民文化倾向。古代旅行和旅游主要分为以下几个时期。

（一）古希腊时期

当时最具代表性的是医疗旅行和宗教旅行。早在公元前 3 世纪时期，希腊便出现了部分旅行者，他们以自身所向往的药神居住所作为旅游目的地，并定期到此访问。随着旅行的发展，在公元前 5 世纪时，又出现了以宗教为目的的旅行者，在此时期希腊的提洛岛、特尔斐以及奥林匹斯山成为当时世界闻名的宗教旅游胜地。

（二）罗马帝国时期

在此时期，罗马帝国所发明的货币逐渐受到周围各国的认可，并将其作为流通货币之一，与此同时拉丁语成为当时的通用语言，这也为罗马人前往罗得岛、特洛伊以及埃及旅行提供了便利。

（三）阿拉伯帝国时期

这一时期主要的旅游形式是宗教朝圣，阿拉伯帝国的兴起极大地推动了旅游活动的发展。

（四）资本主义扩张时期

这一时期环球旅行日益发展起来，西班牙、葡萄牙和英国已是海上强国，开始对外扩张和财富掠夺，著名的旅行活动包括哥伦布发现美洲大陆和麦哲伦的环球旅行。

（五）文艺复兴以后

文艺复兴以后世界开始进入旅游蓬勃发展的时期，从某种意义上来讲，此时的旅游发展盛况是文艺复兴的产物。

近代旅游始于1841年至第二次世界大战结束。此时，在工业革命的推动下，英、法等资本主义国家为了最大限度地推动经济发展，急需扩大国际市场，也正是在这种世界政治经济环境下，国与国之间的联系加强，随后在19世纪中期诞生了世界上第一所旅行社——托马斯·库克旅行社。该旅行社的成立在一定程度上标志着全世界范围的旅游活动正式开始，此外在"二战"以后，现代旅游业也得到快速的发展，各种新兴旅游活动层出不穷，如生态旅游、绿色旅游、探险旅游等。

中国古代的各种历史文书也记载了不同时代和不同人物的旅行和旅游。中国古代的旅游可以分成帝王巡游、官员宦游、商贾贸迁、士人阶层游学之旅、外交朝使、民间百姓旅行等。据历史记载，黄帝打败炎帝后巡游天下可视为中国帝王最早的巡游；秦始皇为巩固统一局面，先后进行了五次大规模的巡游；西汉武帝为了宣扬其文治武功，东巡十三次，沿途经过西岳华山、中岳嵩山和东岳泰山等地。古代商人的商务旅游开始于殷末周初，如史书所载的"肇牵车牛远服贾"的商务旅游活动。但由于古代社会交通不便且服务业不发达，所以造成了中国古代商务旅游的诸多艰难。《荀子·劝学》描写了中国古代文人和士大夫的游学和游玩，游学特指文人的外出求学活动。中国古代的平民旅游受古代意识观念和经济地位的影响，因此旅游方式以近程旅游为主，包括踏青、重阳节登高等。

二、旅游文本的翻译

翻译是语际交流过程中沟通不同文化群体的桥梁，译者能结合不同的文化差异，把人们陌生的语言信息变为熟悉的母语语言信息从而实现跨文化的交流。所谓旅游文本翻译也就是来自不同文化和语言使用背景下的旅游者在旅行过程中所要接触的所有文本翻译的总称。旅游业的发展促使了旅游翻译的诞生，旅游翻译的发展与旅游业的发展息息相关。由于旅游与文化有着紧密的联系，旅游翻译也不可避免地牵涉到各种文化因素的处理。

中国是世界上拥有世界遗产类别最齐全的国家之一，也是世界文化与自然双重遗产数量最多的国家，中国的首都北京是世界上拥有遗产项目数最多的城市。随着世界一体化进程加速，中国以其独特的魅力吸引着越来越多来自四面八方的游客来华旅游，因此旅游文本翻译是一个需要引起各方尤其是相关旅游产业机构重视的项目。如何向海外游客推荐我国旅游品牌，这就显现出旅游文本跨国界、跨文化翻译的迫切性和重要性。

旅游文本翻译属于应用翻译研究领域，服务于旅游的实践运用，它包括了文化、旅游文本翻译和翻译者之间的密切关系，具有趣味性、实践性、综合性和可操作性，而跨文化是其最为突出的特点。旅游翻译覆盖了社会、经济、政治、教育、种族和其他各种领域，因此所有的旅游文本翻译研究都具有翻译研究的三个特征：规范性、描述性、理论性。旅游文本翻译具有技术译文与文学译文的特征。旅游文本翻译是一种专业的跨语言、跨文化、跨心理的交际活动。由于旅游翻译是在各种文化的差异中进行的，所以它在跨文化交际这一特点上表现得就更为直接、更为突出、更为典型、更为全面。跨文化意识也自然成为旅游翻译完成文化传播重任的重要前提和可靠保障。

三、旅游广告的翻译

旅游翻译文本属于应用翻译研究领域，它服务于旅游的各方面。它是一种跨越文化、语言、社会和精神的交流行为，覆盖了经济、政治、文化和其他各种领域。旅游翻译文本具有技术译文与文学译文的特征，而其中最具有公众宣传效应的模式文本就是旅游广告和旅游公示语。

随着我国出入境旅游业的迅速发展，旅游广告逐渐成了促销旅游产品和提升旅游目的国自身旅游价值和国家声誉的重要手段之一。随着经济全球化的进一步深化，商业旅游广告也进入国际化阶段，对国际旅游经济的发展起着巨大的推动作用。公示语又称为"标志语""标识语""标示公示语""标语"，是指用于公共场所以达到某种特定交际目的的特殊应用文体。这类文字在旅游中的实际应用极为广泛，包括公共设施、公共交通、旅游景点、服务设施、商店招牌、旅游指南、餐厅菜单等，它是为了方便公众而出示的提示性语言，也是国际化城市最便捷的路标和信息载体。因为文化、风俗习惯等原因，不同文化下的行为规定和法律条款存在一定的差别，因此公示语的准确翻译在很多情况下都起着重要的作用。

由于风俗文化、思维方式、表达习惯上的不同，旅游广告和旅游城市的公示语的源语意图及采用的语篇形式与译语读者的接受能力可能存在一定的差异，这就需要翻译者尊重双方的文化和语言特点，以信息的传递、功能的表达为最终的目的，以译入语的文化为基础去翻译，让目的语读者易于接受，不会感到突兀和茫然。

（一）旅游广告翻译原则

1. 用词通俗易懂

旅游广告面向的是普通大众，要想达到在广大读者群中的宣传目的，争取更多的旅游者游览或消费，其用词就必须简单、通俗。同时，人们旅游通常是为了放松心情、缓解压力，因此旅游广告会着力营造轻松、亲切、自然的氛围，这也决定了其用语应该通俗自然，中英文的旅游广告中都有这种现象。我们先来看几则旅游胜地的宣传词：

① Pennsylvania: America Starts Here

② Quebec: It Feels So Different

③ Aruba: Our Only Business Is You

④ Victoria: You'll Love Every Place of Victoria

⑤上海：上海，精彩每一天

⑥香港：动感之都，购物天堂

⑦长春：永远是春天！

⑧丹东：太阳升起的地方——丹东

⑨杭州：最忆是杭州

细看以上九则广告，无论是英文还是中文，使用的均是日常生活中经常用到的通俗词汇，几乎不会给读者造成任何理解上的困难。在翻译旅游广告时，选词就应该体现这样的特征，尽量选择对于目标语读者来说简单、通俗易懂的词汇。试举几例：

[例1]：全国优秀旅游城市宁波欢迎您！

原译：National Excellent Tourist City! You are welcomed by Ningbo!

改译：Welcome to Tourist City Ningbo!

分析：原文中的"全国优秀旅游城市"对于汉语读者来说非常容易理解，是汉语文化中常见的荣誉称号，容易让读者产生好感。但若直译成英文"National Excellent Tourist City"，英语读者不一定会立刻理解这是一种荣誉，反而可能会觉得用词累赘，直接用"Tourist City"既简洁又容易理解。

[例2] 创一流服务，迎四海嘉宾。

原译：Welcoming our honored guests from all over the world with the first-class service.

改译：First-class service to all guests.

分析：原文的"四海嘉宾"是汉语中常见的四字短语，其实质意义就是"宾客"，译文把"嘉宾"译成"honored guests"并无必要，"honored"用在广告中也拉远了与读者的距离，显得客气生疏。另外，"四海"二字在原文中起到的作用主要在音韵上，即"四海嘉宾"与"一流服务"形成对仗，这两个字译成英文的五个单词"from all over the world"显得累赘，由于它的实质含义在这里并不重要，可以省略不译。

[例3] 宽窄巷子，最成都

原译：Kuanxiangzi Alley and Zhaixiangzi Alley, the Most Chengdunese

改译：Kuangxiangzi Alley and Zhaixiangzi Alley, a Very Typical Taste of Chengdu

分析：原文的"最成都"，非常简洁上口，对于汉语读者来说，意义一目了然，是把名词"成都"活用作形容词，意思就是"最具有成都特色的"。直译成 the Most Chengdunese，意义不明，对于没听说过成都的英语读者来说，则更加费解。因此，"最成都"适合意译。

2. 使用描述性强的词汇

旅游广告语言往往形象生动，在介绍和宣传旅游景点或旅游产品时都会使用一些描述性很强的动词或形容词，增强宣传对象的吸引力，从而说服读者到旅游景点游览和消费。描述性强的词汇在中英文旅游广告中都普遍存在，但是，汉语的描述性词汇，尤其是一些四字短语，在翻译成英语时往往要做一定的删减或改写，因为汉语更注重文辞的华丽。为了保留原文的形象生动，在汉译英时碰到这种情况，也应挑选一些描述类的英文动词、名词或形容词。试举例如下：

[例1] 雄秀奇幽看四川

译文：Sichuan Boasts Magnificent, Elegant and Peaceful Scenery

分析：原文的"雄秀奇幽"四个字都是描述性的词，放在一起形成四字短语，既简洁又工整，精练地总结了四川景色的特点。译文用了三个对应的形容词将之译出，非常贴切。

[例2] 太湖奇峰环抱，烟水迷蒙，自然天成的湖光山色美不胜收。

原译：The Taihu Lake is surrounded by grotesque peaks and veiled in mist. This naturally formed scenery of lake and mountains is fantastic.

改译：Grotesque peaks around and mist over the surface form into the harmonious natural scenery of the Taihu Lake.

分析：原文的"奇峰环抱""烟水迷蒙""湖光山色"都是描述性很强的词语，形成了很强的画面感，能让读者产生美好的联想。但"湖光山色"一词，在语义上与"奇峰环绕"和"烟水迷蒙"是重复的，在英文中就无须译出，否则就显得累赘。

3. 使用对话性的语言

旅游广告通过传单、宣传册、广告牌、电视、网络等多种媒介向目标受众进行宣传，它可以看作广告发起者与接受者之间的一种对话。为了营造亲切自然的氛围，拉近与受众的距离，赢得好感，旅游广告通常具有对话性的特点，比如：使用祈使句直接对观众或读者提出召唤或建议；使用 we 来自称，用 you 来指称观众或读者，营造面对面对话的感觉；使用对话中常用的加强语气的情态动词或副词，增强说服力，等等。看以下例子：

[例 1] 登黄山，天下无山，观止矣。

原译：An experience of ascending Mount Huangshan will belittle all the other mountains in the world. This experience tops all.

改译：You would not have any interest in other mountains after seeing Huangshan.

分析：原文是无主语句，不点明动作的行使者，这在汉语中是很常见的语法现象，而英文的语法决定了句子必须有主语。原译将"An experience of ascending Mount Huangshan"这个非人称短语作为主语，解决了无主语的问题，但放在广告中则不如用"you"直接与读者对话来得亲切。

[例 2] 故都凭栏，让思绪穿越古今，往事历历在目。

译文：Lean against the railing of the former capital, and let your thinking run through the time. Now the past has come alive.

[例 3] 赶快计划您的新春之旅，以一身喜庆红衣与全港市民一起开心度岁，投入这个环球欢乐派对吧！

译文：Lose no time in planning your New Year travel. Spend your Spring Festival with Hong Kong people in your holiday best. Joint this merry global party!

分析：以上两例原文都是汉语中的无主语句，译者将其译为祈使句，直接对读者发出邀请，让读者有一种身临其境的感受。

4. 善用修辞手法

旅游广告经常使用一些修辞手法，让语言表达更有吸引力和感染力，让读者获得美的享受，给他们留下更深刻的印象，激发他们游览的兴趣。中英文旅游广告都善于利用修辞手法来增强语言的表达效果，而且所用到的修辞手法是多种多样的。两种语言中有一些修辞手法基本相同，如比喻、拟人、反复等。在汉译英时对于这类修辞手法，一般尽量译出，保留原文的修辞效果。

由于中西方思维和审美习惯的不同，英汉语旅游广告中也有一些修辞手法的使用频率不尽相同。第一，在中文旅游广告中使用夸张的手法远比英语中多，这是因为汉语写作讲究辞藻工整、言辞华丽，重视酣畅淋漓的审美情趣，而英语写作以简洁、严谨、自然、理性为美，因此在汉译英时遇到汉语旅游广告中的夸张时，要谨慎对待，有时还要做适当删节。第二，引用也是汉语常用的一种修辞手法，在英语旅游广告中却很少使用。汉语的旅游宣传材料经常引经据典，如诗句、谚语、传说等，以渲染景点的美，增加其魅力，引起读者共鸣。这些引用如果比较复杂，直译难以让英文的读者理解，甚至会产生歧义或误解，应该适当省略。第三，对仗也是汉语常用而英语用得很少的一种修辞手法。汉语写作以文辞工整为美，使用对仗符合汉语读者的审美情趣。英语写作并不讲究工整，而注重信息的严谨真实。汉语中的对仗有些内容并未包含实质信息，在汉译英时那些内容空洞的词语往往省略不译。第四，排比在汉语旅游广告中非常常见，而在英语旅游广告中则比较少见。汉语旅游广告中使用排比可以创造节奏和谐、感情充沛、气势磅礴、形象生动的效果，但放到以简洁为美的英文中，则显得冗余烦琐。因此，在汉译英时碰到排比，通常只需译出原文意思，删掉语义重复的部分。第五，汉语写作善用尾韵，而英语写作头韵用得比较多，这是两种语言长久以来的文学传统所造成的不同。在汉译英时，对汉语旅游广告中的尾韵，可以灵活使用头韵、尾韵、辅音韵等各种韵来补偿原文的音韵效果。

总而言之，对于汉语旅游广告中使用的修辞手法，要分析具体情况，既要尽量保留原文的表达效果，也要考虑到英语读者的审美情趣。下面我们看一些例子：

[例 1] 水映山容，使山容益添秀媚，山清水秀，使水能更显柔情。有诗云：岸上湖中各自奇，山觞水酌两相宜。只言游舫浑如画，身在画中原不知。

译文：The hills overshadow the lake, and the lake reflects the hills. They are in perfect harmony, and more beautiful than a picture.

分析：原文引用了杨万里描绘西湖风光的诗句来凸显西湖景色的魅力，增加艺术美感，但这几句诗在语义上与前文有重合之处，因此无须全部译出，整合上下文意译即可。

[例 2] 一门四进士，叔侄三翰林（四川罗江县）。

译文：The Land of Gifted Scholars.

分析：原文是四川罗江县的旅游广告语，"一门四进士，叔侄三翰林"说的是罗江县清朝大才子李调元家族的故事，这是当地人耳熟能详的佳话。这句广告词涉及中国历史人物，如果不熟悉背景，则很难理解。此外，"进士""翰林"这些中国文化特色的词汇，在英文中没有对应的词语。这句中的引用是为了佐证罗江县是一个文化气息浓厚、出过很多读书人的地方，因此意译为"The Land of Gifted Scholars"是合适的。

（二）旅游广告中的文化差异

首先，不同文化背景的个体对外界信息的认知模式存在着巨大的差异。西方文化中的思维模式以逻辑、分析为特征，体现为旅游广告用语较倾向使用简练和含蓄的陈述，时而进行跳跃式推理，而中国文化思维模式呈直觉整体性，所以汉语相对地倾向于直截了当的陈述。此外，中西方社会价值观也存在差异，西方文化中强调个性化、独立、与众不同，而中国文化强调集体观念。其次，每个国家和民族都有自己独特的风俗习惯，英汉社会风俗的差异必定会在其各自的语言表达中体现出来。英语结构紧凑，汉语结构松散。汉语喜欢使用短句，句与句之间的结构也比较松散，主要靠各句本身的意义来衔接。在语篇修辞上，英语句子的典型模式是直线型结构，而汉语句子的典型模式是螺旋形结构。根据以上特点，在旅游广告的翻译中，译者就要敢于突破原文的形式，创造出符合译入语表达习惯的译文。

不同风俗就决定了不同民族对同一事物有着截然不同的看法，旅游广告翻译应尊重民族心理才能达到最佳效果。不同的文化背景和不同的价值取向必然导致中西方文化心理存在差异，因此旅游广告的文体风格也会因地域特点和文化背景而异。在旅游广告的翻译过程中，尤其要注意因不同文化心理所产生的不同联想意义。

除此之外，中西方文化在交际中存在很大的差别，西方人喜欢用复杂冗长的文字来说明产品的历史特性、功能、用途、购买的好处等，这往往会让中国客户找不到重点，甚至失去兴趣；而中国文化背景下，旅游广告的语言一般简洁明了。作为实用性应用文体，要达到最佳的推荐效果，必然要求旅游广告具有一定的翻译灵活度。此外，在旅游广告翻译中既不能盲目追求"信、达、雅"的适用，也不能过度强调语义对等。

（三）旅游广告的翻译策略

旅游商品品牌和旅游推介广告翻译目前来说是旅游企业形象战略中的重要组成部分。在保障旅游商品质量的前提下，商品品牌及推介广告的翻译需要符合异国文化的审美及语言习惯，只有这样才能得到新市场的欢迎。

在商品品牌和广告语的翻译过程中，翻译者要尽量挖掘商品的表征和译语文化上的相似性，跨越种种文化障碍，如语言差异、消费习惯差异、宗教差异等，尽可能向译语文化贴近。

例如，在"桂林山水甲天下"的翻译中，桂林市政府和中国翻译协会 2005年 4 月 14 日召开新闻发布会，面向世界征集"桂林山水甲天下"的最佳译文，要求译文优美、贴切，既能准确表达"桂林山水甲天下"的含义，又符合译语受众的欣赏习惯及文字表达方式，易于传诵。吴伟雄先生获优秀奖第一名，他借用英语中脍炙人口的句子"East or west, home is（the）best."，将此句翻译为"East or west, Guilin landscape is best."。译文活用了"名句效应"，巧妙借名句盛誉，以利于上口传诵，从诗意、简练、押韵、上口等四方面看都是无可挑剔的。

一般的国外企业和商品的品牌名称翻译的方法主要包括：

①音译，如迪士尼（Disney）、耐克（NIKE）、阿迪达斯（Adidas）等；

②意译，如空客（Airbus）、脸书（Facebook）、微软（Microsoft）、软银（Softbank）等；

③音译加意译，如星巴克（Starbucks）、联合利华（Unilever）等；

④随历史习俗的翻译。如汇丰银行（HSBC 中文简称汇丰，取"汇款丰裕"之意）、花旗银行（Citibank 中文名"花旗"源于上海市民对该行的习惯性称呼）；

⑤直接引用不译。随着世界经济一体化，越来越多的品牌被直接引用并不做翻译，如 LV（路易威登）、iPhone（苹果手机）等。

旅游企业的宣传文本包括的范围十分复杂，涵盖城市介绍、美食宣传、娱乐购物、住宿展览，等等。在英文文本和中文文本互译的过程中，语言对等翻译其实难度并不是很大，但如果直接按原文本的内容进行翻译的话，很多旅游广告根本不能达到预期的广告效应，甚至有可能是无用之功，浪费企业资金且很有可能会误导消费者，甚至可能会打消消费者的消费动机。

举例来讲，云南著名的连锁企业江氏兄弟桥香牌过桥米线的广告词如下："北京红土情饮食文化有限责任公司主要经营过桥米线以及少数民族特色小吃，并致力于江氏兄弟桥香品牌在北方市场的推广和管理，以美食传承文化。目前，公司已成功打入北京、上海、辽宁、河北等市场，形成了以云南和北京为两大核心，辐射全国的市场连锁之势，成功开店五十余家。"

如果直接翻译为 "Beijing Hongtuqing Cooking Culture Co., Ltd mainly sells Guo Qiao Rice Noodles and ethnic delicacies. At the same time, it devotes to the promotion and management of the Jiang-Brothers' Qiaoxiang brand in northern China. Its aim is to carry on the culture by cooking delicacies. So far, the company does business in Beijing, Shanghai, Liaoning, Hebei, etc., with Yunnan and Beijing being the main market and more than 50 chain stores stretching across China." 全文虽然严格遵守了原文的内容，符合英语的语法使用习惯，但大多数内容对于丝毫不了解中国美食文化的外国游客来讲，基本都是无效信息，因此如果想达到推介云南美食过桥米线的目的，介绍食物的历史和味道比介绍企业的概况要实际得多，不难发现将英文文本译为中文的时候也有类似的问题，不如直接改译为到英国旅游必吃的地道美食来得直接。同样的情况在中国旅游广告英译的过程中也非常常见，这是非常值得旅游企业和翻译者注意的事情。

鉴于旅游广告翻译的特殊性，其翻译方法和策略也应该多种多样，但很多时候单独使用某一种翻译原则并不能取得较好的效果，而要把多种翻译方法有机结合起来才行得通。旅游广告的翻译要遵循简练原则，译者要对原文进行适当的变通使之简洁，然后再进行翻译。为提高旅游广告文本的审美效果和说服力，在翻译中运用修辞方法也会使译文生动活泼、诙谐幽默，加深读者印象，有效地实现广告的劝说价值。在旅游广告翻译实践中，翻译者应仔细斟酌译语的语言特点和文化背景，将自己置于读者的位置，同时注意避开译语的文化禁忌，尽量使译文符合目的语的广告规范、符合目的语消费者的审美情趣和价值取向，从而达到预期的效果或交际目的，实现其独有的经济和审美价值。

四、旅游景区的翻译

（一）景区/景点名称的翻译

中国的旅游资源相当丰富，"景点"或"景区"一词是导游资料和导游词中经常出现的词，其原意是"风景美丽的地点（地区）"（英文是 scenic spot 或 scenic area）；但是，现在人们习惯把所有旅游者去看的地方都称为"景点"或"景区"，通译成 scenic spot 或 scenic area。景点/景区名称的翻译属于公示语的一种，具有指示性功能，它是旅游文本翻译的一个重要的组成部分，准确的翻译可以更好地传递异域文化背后反射的文化信息，起到宣传景点/景区、传播文化、吸引游客的作用。景点 / 景区名称在外交、外贸、文化交流、新闻出版以及社会生活方面都起着非常重要的作用。景点名称的翻译会消除外国旅游者对于新环境的陌生感，因此，此类文本的翻译要更多地考虑到目的语读者的需要，采取正确的翻译方法。

1. 普通景区 / 景点名称的翻译

目前来看，景区 / 景点名称翻译的一致性与规范性已经成为旅游翻译文本的一个突出问题。了解景点 / 景区的历史文化背景，准确传达其所包含的文化信息是非常必要的，同时译者要根据文本类型和实际目的灵活地选取音译、直译或意译的方法来正确完整地表达景点名称的含义。直译需要附加具体的诠释信息，突出内在含义或相应的典故与传说，便于游客理解和记忆，如苏州的寒山寺，因其取自古代诗僧寒山之名，因此将其译成 Han Shan's Temple 而非直译的 Cold Hill Temple。同时适度的意译能够填补文化信息的空缺，消除文化差异，如故宫译为 the Forbidden City。另外，在翻译景点 / 景区名称时要注意通译的问题，如在用英文宣传介绍孙中山先生的时候都是将其尊称为 Dr. SunYat-sen，因此中山陵的官方英文译名为 Dr. Sun Yat-sen's Mausoleum。

景点 / 景区名称的翻译主要偏重于对文化内涵的理解，音译往往是不得已而为之，有时会给旅游者的理解造成困难。翻译者不能单纯地采用音译而忽略其中隐含的意义，因此采取保留原文内涵的翻译方法更为常见。以颐和园为例，它原本是清朝帝王的行宫和花园，因此可以翻译成 the Summer Palace 或者按照音译法翻译为 Yiheyuan。光绪十四年，慈禧太后以筹措海军经费的名义动用三千万两白银重建此处改称颐和园，有"颐养太和"之意，因此又可以译成 Garden of Nurtured Harmony，借此保留了原文的文化内涵，便于游客理解。

中国自然景观和人文景观的名称大多不完全用音译，而是采取意译、音译兼意译及音译和直译结合等方法，具体来讲主要包括以下几种翻译方法。

（1）音译

音译即直接用汉语拼音标注景点名称。可以保持原名，但是需要注意的是，在标注汉语拼音的时候，应该以汉语的词为单位，如东直门外大街 → Dongzhimenwai Dajie。

（2）音译 + 意译

音译法的译名包含的文化信息较少，有时甚至不具备任何语法意义，因此会加注英文翻译来弥补源语文化在目标语中的缺失，例如，龙门 → Longmen（Dragon Gate）。

（3）音译＋通名直译

对于既包含表示特定人名或地名的专有名称，又包含通用名称的景点名称，可采用音译直译合并的翻译方法，如"少林寺"译为 Shaolin Temple。专名是单音节时，其通名部分应视作专名的一部分，先音译，后面再加上这个通名的英译，如上海的豫园可以翻译为 Yuyuan Garden。这是因为英语地名大多是双音节词，因此用双音节词翻译更符合英文习惯。使用音译和意译相结合的方法翻译景点名称时，景点名称如属汉语单字，为了照顾音节和外国人的习惯读法，最好把名字后面的"湖""山""园"等同时音译出来，通名视作专名的组成部分，先音译并与专名连写之后再意译为另一词，如豫园→Yuyuan Garden、武夷山自然保护区→Wuyishan Nature Reserve、秦始皇兵马俑→Qinshihuang's Mausoleum and Terracotta Warriors。

（4）直译

它可以既保留原名简短的语言形式，同时又保留原名的深刻内涵。直译可以达到再现原名的审美效果，尊重译文读者的审美感受的目的，也体现了模糊对等原则，如玉佛寺→Jade Buddha Temple。

（5）意译

意译可以保留原名的文化内涵，但不遵守原名的语言形式，意译要充分考虑景点／景区的性质、地理位置等语境。如长城→the Great Wall、苏州园林→Suzhou Gardens、海上仙山（长山列岛）→Fairyland on the Sea。

2. 通名相同时的不同翻译

通名是单音节的同一个汉字，根据意义有多种不同英译法，在大多数情况下，这些英译词不能互相替代，如"山"一词的翻译。中国是个多山的国家，在著名的旅游景区中，山的类型多样，有的巍峨壮观，有的旖旎秀丽，还有些山与宗教、文化融为一体。在中国众多山脉中，尤以三山——安徽的黄山、江西的庐山、浙江的雁荡山；五岳——东岳泰山、南岳衡山、西岳华山、北岳恒山、中岳嵩山；道教四大名山——湖北的武当山、安徽的齐云山、四川的青城山、江西的龙虎山；佛教五大名山——山西的五台山、四川的峨眉山、浙江的普陀山、安徽的九华山和贵州的梵净山最为著名。当然还要包括世界海拔最高的山脉——喜马拉雅山脉，藏语意为"雪的故乡"，最高峰为珠穆朗玛山峰。一般来说，海拔较高的山译为 Mountain，如太行山译为 Taihang Mountain 或 Mount. Taihang，海拔较低或者人造的假山一般可以翻译为 Hill。但由于受开发先后和历史原因的影响，很多山的名称的翻译并没有统一，一山多译的现象在旅游文本翻译中很常见。

翻译名称比较多变的还有中国汉字中的"海"一词。中国的海按地理分布基本包括渤海 Bohai Sea、黄海 the Yellow Sea、东海 the East Sea、南海 South China Sea，但是中国地名里很多城市和地区都带有海字，如四川西昌的邛海翻译为 the Qionghai Lake。

由于受西方文化思维模式和地质条件的影响，英语里 river 一词有多种含义，几乎概括了中国地名表达中的江、河、川、水、溪等。因此根据通名意义，不同的中国水域物理性质的描述可英译为同一个单词，个别地方会根据景点的地理特征和历史渊源加以变通，如淮河 Huaihe River、嘉陵江 the Jialing River、螳螂川 the Tanglang River、汉水 the Hanshui River、古田溪 the Gutian River，在翻译此类地名时，翻译者一定要仔细查阅景区的历史文化背景，确定文字意义后再进行翻译。

3. 其他类景区 / 景点名称的翻译

中国文化景区主要包括名山文化景区、名人故居景区、古城文化景区、古镇文化景区、寺院文化景区、宗教文化景区、古建筑文化景区、园林文化景区和历史遗迹文化景区九个部分。由于地域文化差异和历史文化的影响，我国很多地名和景区名称交织在一起，造成景区和景点名称的复杂性，因此在处理的时候要特别注意信息传达和表意性的统一。举例来讲，北京故宫被誉为世界五大宫之首（法国凡尔赛宫、英国白金汉宫、美国白宫、俄罗斯克里姆林宫），1961 年被列为第一批全国重点文物保护单位；1987 年被列为世界文化遗产。故宫景区以及各地点名称的翻译具有很强的代表性。近年来，故宫也成为各国元首来访中国一定会参观的景点。故宫承载着一个民族的灿烂文明，故宫红墙内不断上演着文化瑰宝重获新生的故事。重要的景点名称包括：门（午门 Meridian Gate、太和门 Gate of Supreme Harmony、乾清门 Gate of Heavenly Purity、东华门 East Prosperity Gate）、殿（太和殿 Hall of Supreme Harmony、中和殿 Hall of Central Harmony、保和殿 Hall of Preserving Harmony、养心殿 Hall of Mental Cultivation）、宫（乾清宫 Palace of Heavenly Purity、坤宁宫 Palace of Earthly Tranquility、永和宫 Palace of Eternal Harmony、慈宁宫 Palace of Compassion and Tranquility）；金水桥 The Golden Water Bridge；珍妃井 Well of Pearl Concubine；御花园 The Imperial Garden；角楼 Arrow Towers；九龙壁 Nine-dragon Screen Wall；万春亭 Pavilion of Myriad Spring；等等。

除此之外，石刻一般翻译为 Grottoes：大足石刻 Dazu Grottoes、龙门石刻

Longmen Grottoes of Luoyang、敦煌石刻 Grottoes of Dunhuang。

（二）景区／景点介绍文本的翻译方法

对于景区／景点介绍文本的翻译来说，首先篇际一致原则要求译者要注意对于原文的正确理解和把握，不能不求甚解想当然地进行翻译，否则就会出现误译和错译的情况。其次，篇内一致原则要求译者必须详细了解目标语受众群体的文化背景、审美情趣及认知方式，注重译文读者的反映，在此基础上结合目的语文化传统和语言规范，使译文风格符合译语读者的要求。

1. 文化传递与文本对比

常见的翻译方法包括增译、删减以及篇章整合改写。

（1）增译

在传递中国文化信息原意的基础上，从国外旅游者的角度出发，适当调整中国文化特有的文化信息量和篇章结构，同时增添理解原文内容所必需的背景知识，以帮助外国游客更好地理解原文信息。

（2）删减

一些汉语旅游文本中往往包含了大量的修饰辞藻，这些虽然符合中国人的阅读习惯，但是与外国人的阅读习惯却大相径庭，对此在翻译过程中可以适当删减，从而实现旅游宣传文本信息的有效传递。

（3）篇章整合与改写

一些中国特有的表达方式以及汉语独特的语言结构，如果照字面译成英语，必然会使不熟悉中国文化背景的外国游客难以理解。因此，为了更好地实现预期的译文功能，可酌情根据译入语处理同类语篇的习惯加以改写。为了实现旅游翻译的功能和目的，可以灵活采取各种手段和策略。

以著名景区黄山为例，根据新华社报道，2002 年 5 月 7 日在苏黎世举行的安徽省旅游推介会宣布，安徽省黄山和瑞士少女峰已正式结为姐妹山，6 日在海拔 2800 多米的少女峰斯芬克斯观景台上双方签署了两山结为友好山关系的协议。少女峰位于瑞士中部，海拔 4158 米，被称为阿尔卑斯山"皇后"，是阿尔卑斯山最壮观的高峰之一。

目前黄山景区的官方中文介绍具体内容如下：

黄山风景区概况

黄山雄踞于安徽省南部黄山市境内，南北长约 40 千米，东西宽约 30 千米，总面积约 1200 平方千米，其中黄山风景区规划面积 160.6 平方千米。黄山原名黟山，因峰岩青黑，遥望苍黛而名。后因传轩辕黄帝曾在此炼丹成仙，唐玄宗遂于天宝六年（公元747年）赐名"黄山"。

黄山是世界文化与自然遗产、世界地质公园，是全国重点风景名胜区、全国文明风景旅游区、国家5A级旅游景区、ISO14000国家示范区，与长江、长城、黄河同为中华壮丽山河和灿烂文化的杰出代表，被世人誉为"人间仙境""天下第一奇山"。

黄山自然风光迷人，素以奇松、怪石、云海、温泉、冬雪"五绝"著称于世。境内群峰竞秀，怪石林立，有千米以上高峰88座，"莲花""光明顶""天都"三大主峰，海拔均逾1800米，鼎足而立，高耸云外。

黄山生态环境优越，素有"华东植物宝库"和"天然植物园"之称。现有高等植物222科827属1805种（其中首次在黄山发现或以黄山命名的植物28种），有鱼类、两栖类、爬行类、鸟类、兽类等各类动物323种。

黄山文化底蕴深厚，现有摩崖石刻280余处，古道、古桥、古寺、古亭等古建筑近百处。历代歌颂黄山的诗词歌赋2万多首（篇）；以黄山为题材的书法、绘画、摄影作品难以计数。黄山是黄山画派的摇篮。明末清初，渐江、石涛、梅清等人师法自然，创立了"黄山画派"，历数百年而不衰。明代大旅行家徐霞客曾两次登临黄山，赞叹道："薄海内外无如徽之黄山，登黄山天下无山，观止矣！"

官方译文：

Mt. Huangshan Scenic Area in Brief

Located in the South of Anhui Province and measuring about 40 km × 30 km, Mt. Huangshan occupies an area of about 1 200 km^2 with 161 km^2 as the planned scenic area for tourists to the region. Historically, Mt. Huangshan was known as Mt. Yishan for its deep dark color from a distant view. Legend goes that Emperor Xuanyuan, popularly venerated as the Chinese ancestor, once asked his ministers to make elixirs in this mountain to prolong his life. This story was so luring that in 747 AD Emperor Longji of the Tang Dynasty issued an edict that "Yishan" be changed to "Huangshan" so as to commemorate Emperor Xuanyuan, whose family name was Huang.

China ranks its tourist attractions and Mt. Huangshan qualifies as the highest with a 5A ranking. In December 1990, UNESCO listed Mt. Huangshan as a "World Cultural and Natural Heritage" and in February 2004, it was included in the Global Geoparks Network for its fantastic natural scenery, rich oriental culture, and high scientific and aesthetic value. Being a renowned tourist destination and the nation's demonstration zone of ISO14000, Mt. Huangshan acts as an outstanding representative for China's extraordinary landscape and profound culture together with the Yangtze River, the Great Wall, and the Yellow River. It is reputed as "the Fairyland on Earth" and "the Most Spectacular Mountain in the World". The natural scenery in Mt. Huangshan features "the Five Wonders", namely, the pine trees, extraordinary rock formations, the sea of clouds, the hot springs, and the winter landscape when covered in snow. Eighty-eight peaks tower 1 000 meters above sea level, with the three highest peaks (the Lotus Peak, the Brightness Top, the Celestial Capital) exceeding an altitude of 1 800 meters.

Mt. Huangshan enjoys an excellent ecological environment as well. Reputed as "the botanical treasure land in Eastern China" and "the natural botanical garden", Mt. Huangshan houses 1 805 species of higher plants which fall into 827 genera of 222 families (of all the species, 28 were either first found in this region or named after the mountain). Besides, 323 species of fishes, amphibians, reptiles, birds, and beasts are also reported here. Mt. Huangshan also boasts its rich cultures. More than 280 ancient cliff inscriptions and up to 100 ancient pathways, bridges, temples, and pavilions are located in the region. Furthermore, over 20 000 poems and other literary writings eulogizing the landscapes were written. Other forms of artistic works like Chinese calligraphy, paintings, and photos are numerous. Mt. Huangshan is the cradle for the prosperous Huangshan Painting School, which was created by such Chinese painting masters like Jian Jiang, Shi Tao, and Mei Qing in the late Ming Dynasty and the early Qing Dynasty. One's impression of the beautiful landscape in Mt. Huangshan can be best expressed by Mr. Xu Xiake, a famous traveler of the Ming Dynasty who exclaimed that "Mt.Huangshan exceeds all the other mountains in its natural beauty. After seeing this mountain, one will not be tempted to see any other mountains under the sun!"

分析整篇译文，在用语表达上全篇可以说是非常中式英语的风格。虽然译者严格地进行了直译，忠于原文的表达，但是就英语的表达习惯来讲，大多数译文都是不符合标准的，如"来访的游客"翻译成了 tourists to the region，其实 tourists 一词即可以表达。在文化含义方面，文中提到的"轩辕"，直接翻译成为 Emperor Xuanyuan，这种译文对于一般的国外游客来讲几乎是不可能看得懂的，因此要加上必要的注释。我们可以参考同年联合国世界文化遗产组织发布的对黄山介绍的英文译本，如下：

Sister-mountain Relationship Between Huangshan Mountain and the Jungfrau

This wide-ranging mountain massif lies in the Anhui Province in eastern China. In terms of landscape, this is regarded as one of the country's most beautiful regions and is also one of the most up-and-coming economic zones in eastern China. Anhui has a surface area of 139 000 km^2 and a population of over 60 million.

Huangshan Mountain lies in the south of Anhui and is one of the best-known excursion destinations in the country. The region's natural landscape is typified by topographically unique forests of granite pillars, their summits covered by pine trees. Thanks to four stunning natural features: bizarre pines, weird rock shapes, seas of cloud and thermal springs, Huangshan Mountain is described as one of the China's five natural wonders. In 1990, the area was accepted to the prestigious list of UNESCO World Heritage sites. The region around Huangshan Mountain covers an area of 154 km^2 and boasts over 400 various landscapes with countless cultural sightseeing attractions. The bizarre rocks and peaks, some soaring 1 800 metres into the sky, are among the highest mountains in eastern China. They are often shrouded in the swirling seas of cloud, which make for a special air of mystery.

A modern serial cableway and an aerial gondola have been built up to one of the peaks of the Huangshan Mountain massif. The departure point is the city of Huangshan，a modern tourist centre with a well-developed hotel industry and infrastructure. Huangshan also has an airport with flights to Hong Kong，Beijing，Shanghai and many other destinations.

通过比对，我们不难发现两篇同一主体的文章在用词、句式、讲解的重点和文化背景的选择方面似乎完全不同。举例来说，作为山系，黄山被翻译为 Huangshan Mountain 而不是 Mt. Huangshan；黄山奇景译为 bizarre pines，weird rock shapes，seas of cloud and thermal springs，国内版本为 the pine trees，extraordinary rock formations，the sea of clouds，the hot springs；同时对于与黄山有关的艺术流派和代表作品，联合国版本并没有提及，因为大多数普通游客对这方面的了解接近为零，而且也不是黄山作为自然风景区的主要功能。相反，联合国的版本里介绍了很多游客需要了解的实际功能性描述，如交通和缆车，这一点在中国景区的英文介绍文本里很少提及。对于这类中文材料中的主观描写部分、虚夸之词应该适当删减，恰如其分地把有效信息传递给外国旅游者。

2. 文本模板与翻译套用

与此不同的是欧洲少女峰的官方英文介绍文本：

The Jungfrau-Aletsch Region was chosen as the first Alpine UNESCO World Natural Heritage Site in 2001. At its heart lies the mighty rock massif of the Eiger, Monch and Jungfrau and the glacial landscape around the Great Aletsch Glacier.

The UNESCO World Heritage Site stands for the natural beauty of the Alps. The Aletsch Glacier is the longest glacier in the Alps, with a length of 23 km. To cross the Aletsch Glacier is to take a magnificent journey into a stunning world of ice and rocks, Alpine flowers and forests. Enjoy spectacular views of the glacier on a hike through the sunny Aletsch Forest，home to Switzerland's oldest stone pines, or on the Glacier Trail from the Bettmerhorn to Lake Marjelen.

The climatic conditions on the southern slopes are completely different from those in the area of the summit and glaciers: aridity and strong solar radiation lend the landscape a mediterranean touch. The Lotschen, Joli, Bietsch, Baltschieder and Gredetsch valleys have largely been able to preserve their original character. Off the beaten tracks of the main tourist routes, they offer peace and tranquillity along the irrigation channel and mountain streams.

参考译文：

少女峰－阿莱奇地区被联合国教科文组织授予世界自然遗产的名号。独特的地理环境、风光旖旎的景色使其从瑞士重点景点中脱颖而出，成为第一个获此殊荣的景区。

这一地区集中展示了阿尔卑斯山无与伦比的自然风光。在景区的中心地带分布着闻名遐迩的艾格峰、僧侣峰、怪石嶙峋的少女峰以及阿莱奇大冰河附近的冰川景观。而在比奇峰的南坡，随着海拔高度的变化，山体所覆盖的植被也发生变化，逐渐从高山景致向亚地中海大草原演变。

阿莱奇大冰河是阿尔卑斯山地区最大的冰河，全长约 23 公里。穿越大冰河的旅程充满了惊险和刺激，您不仅可以看到壮丽的冰山和宏伟的岩石，还有沿路烂漫的山花和郁郁葱葱的森林点缀着旅途。

值得注意的是比奇峰南坡的气候与山顶以及冰河地区的气候差别很大：强烈的紫外线、干燥的空气使这里呈现一派地中海的景象。山谷都保留了原始的景观。与传统的旅游线路不同，这些景点静谧、安宁，此外，沿途还分布着灌渠和山涧小溪。

该景区的介绍简单明了，主要针对独特的地理环境、风光旖旎的景色两个重点进行描写。到该地区的游客的主要旅游方式为徒步，因此冰川和岩石景观是文本介绍的重点，同时也交代了沿途的气候条件的变化。该景区的介绍文本考虑到了实际的旅游线路特点和游客需要的信息，对植物等专业名词并没有做专门的介绍，当然这也和西方人的自由独立的探险旅游模式有一定的关系，直接翻译给我们中文背景下的游客来听，倒也索然无味了，但是从实用性的角度来讲，该文本已经完全达到了目的，这也是我们所说的文本的目的为重中之重的体现了。

除了上文提到的集中翻译方法之外，在进行翻译的过程中如何使用地道的英文以及符合目的语读者的思维习惯一直是让翻译者头疼的问题，因此仿写 / 仿译文本就是一个不错的方法，也就是人们常说的建立类型文本的模板。以上文阿莱奇地区的少女峰为例。

文中比较有语言特色的关键词组包括 vantage point、make a（essential）contribution、at your service、array of（attractions）、summon 等；主要句型包括 not only...but also...、one of the most...、it proves to be ...、ideal for...、situated at...、 together with...、provide a glimpse into...、we're proud and privileged to welcome you...、wish you a most pleasant and interesting stay...、convey our sincere thanks to...、make your...an experience to remember、lie at an altitude of...、please note：... 等。通过分析少女峰的地理地质特点可知，我国的珠穆朗玛峰景区在各方面和它的旅游功能都比较接近，因此套用模板是很合适的。

具体内容请参见下文：

The Mount Qomolangma is not only one of China's most attractive excursion destinations and vantage points. It has also proved to be an excellent location for a wide variety of research projects. The high altitude, clear air and easy access by mountain railway are ideal conditions for a wide range of scientific work. Astronomers, geologists, physicists, meteorologists and hydrologists—they all make an essential contribution towards understanding of the environment.

The Mount Qomolangma is also a small village not lacking in the appropriate amenities for its guests. China's highest post office is at your service. And climbing the Mount Qomolangma is the starting point for many a memorable tour.

The Mount Qomolangma railway has created an exhibition situated at various locations—together with a series of explanatory brochures. The aim is to assist visitors in understanding the type of research work carried out on the Mount Qomolangma, and provide a glimpse into the history of life on the "Top of the world".

The Mount Qomolangma lies at a altitude of 8 848 metres. Please allow yourself enough time to visit all the attractions. Colored signs will direct you along the various tour routes. Please note: on the glacier you should only walk in secured areas and on no account leave the marked paths.

Please contact one of our employees should an accident occur or any medical problems arise during your visit.

套用模板的翻译方法省时省力，既能满足翻译的基本要求，也能用地道的英语进行表达，但要注意的是套用模板需要具有时效性和准确性，制订模板需要选用国际比较认可的资料来源，同时景区／景点的特征和功能要很接近，在这个基础上，翻译者就可以在短时间内完成准确地道的翻译，在翻译过程中注意对额外的文化附加信息的翻译就好。当然建立模板只是提高文本翻译质量和效率的一种方式，对于中国特有的文化内容是没有模板可寻的，还是要在翻译实践的过程中反复推敲。

旅游翻译重在传递信息和感染读者，译者可以在功能翻译理论的指导下，从其文本功能和目的出发，灵活应用不同的翻译策略，采取适当的手段以增加译文的可读性和可接受性，从而实现旅游翻译的最终目的——向外国游客传播中华文化，促进中国旅游业的发展和中西方文化的交流。

旅游景区／景点是旅游产业中最重要的一个环节，这类文本翻译的主要内容集中在对景区和景点的介绍上面，大多描述壮美的风景或是其中的文化内涵。

鉴于大多数旅游景区／景点都蕴含着丰富的历史文化和风土人情，在翻译的过程中需要格外的注意，要尽量保留其中的文化元素。旅游翻译要求准确、优美、细腻、感人。旅游文本翻译中，文本的类型相对固定，但翻译方法相对灵活，一般采用交际翻译。对于译者而言，事先调查清楚原文的内容、翻译的目的、读者的类型等，都是选择翻译方法的重要参考。旅游文本的翻译目的，不能一概而论，要分门别类。

总体而言，旅游文本的主要目的有两个：一是对外宣传；二是解释说明。前者是为了吸引文本的接受者，后者是要让文本接受者深入了解旅游景区。因此，旅游文本的翻译就是译者为译文的接受者定制的文本，原文本处于次要地位，译文必须在目标读者中实现与原文相同的作用。景区／景点介绍文本的翻译主要需要处理好文本所包含的文化因素，提供实用信息，解决外国游客的实际需要。

对许多景区／景点来说，文化内涵是其最吸引人的地方，在翻译的过程中切不可一味直译或者忽视文化背景，更不能因为内容复杂或翻译难度大就将其略过。将中国灿烂的传统文化和壮美河山展现在世界面前是对外翻译工作者义不容辞的责任。旅游景点中经常出现地名、景点名称，还有历史人物或历史事件等，简单的直译或音译往往很难反映出其内在的文化背景，所以增加必要的附着信息，例如，介绍地名由来、景点特色、人物评价等重要信息，是非常必要的。同时翻译也不能简单地将源语字对字地对应成目标语，译者在保证传达源语意思的前提下，还要注意翻译的服务对象——译文读者或译文语言接受者的需求。尤其在旅游翻译过程中，有时候源语和目标语内容无法达到完全对应。由于文化差异，景区／景点中文介绍中的有些内容可能对外国游客并没有什么意义，如果生硬地将中文介绍逐字逐句直接翻译成目标语，只会令外国游客一头雾水。在这种情况下，可以适当地增减源语的内容，根据游客的文化背景将涉及中国历史文化或传统思想的内容替换成一些相对浅显的更易于游客理解的内容，进一步加深旅游者对中国景区／景点的精粹之处的理解。

五、导游词的翻译

（一）以旅游者为导向

导游词翻译的目的是服务外国游客，把景点的有关信息传达给不懂汉语的旅游者。导游词翻译注重的是交际效果，译者想要更好地服务外国游客，让他们从中获取相关信息和知识，就应该注重译文的实用性。在翻译时可以适当突出文化信息，但应该以不增加旅游者的理解负担为前提。根据外国游客的文化背景，译者可对中国文化信息做适当的删减、解释或改动。

［例］秦淮河古名"淮水"，相传秦始皇东巡至金陵时，自江乘渡，依望气者言：凿方山断长龙，以泄金陵王气，故名秦淮河。在远古时代，秦淮河即为扬子江一支流，新石器时代，沿河两岸便人烟稠密，孕育了南京古老文化，有"南京的母亲河"之称。

译文：The Qinhuai River used to be called Huai. Water, and was renamed Qinhuai for the legend that Emperor Shihuang, the first emperor of the Qin Dynasty（221 B.C.—206 B.C.）ordered to introduce Huai Water to the city by cutting through a mountain. In fact, it has been a tributary of the Yangtze River since ancient times. As early as the Neolithic Age, it nurtured the early settlers along its banks and was known as the mother river of Nanjing.

分析：原文用一个传说解释了秦淮河名字的来历，这个传说可以增加游客游览的兴趣，在译文中可以保留，但是其中出现的诸如"望气者""断长龙""以泄金陵王气"这些信息，则需要较复杂的解释才能让外国游客理解，因此译者就将这些信息删掉，把传说的大致意思译了出来。此外，对"秦始皇"这个中国历史人物，加上了简单的解释。

（二）口语化

导游词一般具有通俗易懂、亲切自然的口语风格，因为导游词是直接讲解给游客听的。翻译后的导游词也应该保留口语化的特征，在遣词造句、修辞风格上应该简洁朴实、流畅自然。

[例] 在外滩沿江的那些百年建筑中，和平饭店双姊楼一直是一道流光溢彩的风景，令众多游客流连忘返。

原译：Among all the century-old buildings standing along the Bund area, the two towers of the Peace Hotel are always the most eye-catching scene which made many visitors linger on.

改译：The Peace Hotel is standing alongside the Bund. Its eye-catching scene always makes many tourists stop and enjoy for a while.

分析：原译将原文译成一个包含 29 个单词的复杂句，不太符合口语化的特征，而且用到了 century-old、linger on 这样比较书面化的词语。改译则是两个简单句，用词更加通俗。

（三）现场感

导游词最集中出现的场合便是景点的讲解阶段，现场感是导游词非常突出的一个特点。现场感可以依靠一系列的表达手段来实现，比如指示现场时间、地点的副词，现场导引语，设问等，在翻译中应该保留这种特征，除了依靠引导性和指示性的词汇，导游词还可以针对游客的文化背景和心理特点，适时灵活地对原文进行一些处理，拉近与游客之间的距离，调动现场的气氛。以下就是灵活塑造现场感的一个经典例子。

[例] 故宫耗时 14 年，整个工程于 1420 年结束。

译文：

To Americans: The construction of the Forbidden City took 14 years, and was finished in 1420, 72 years before Christopher Columbus discovered the new world.

To Europeans: The construction of the Forbidden City took 14 years, and was finished in 1420, 144 years before Shakespeare was born.

分析：译者为了营造导游词的现场感，在对美国游客讲解时，加入了他们熟悉的哥伦布发现新世界的典故，在对欧洲游客讲解时，增加了他们熟悉的莎士比亚的典故，可谓非常灵活。这样处理就有效拉近了游客与中国文化的距离，增加了他们游览的兴致。

第三节　广告翻译

一、广告语翻译的宏观视角

广告一词最初来源于拉丁语 advertere，意为传播、诱导，后来英语将其吸收演变成 advertise；广告语则是广告的语言，是一种具有鲜明特点的语言。作为宣传的重要组成部分，广告语以实现信息的有效传递为己任，潜移默化地影响着目标群体的消费行为。

广告语是向广告受众宣传和推广特定产品、服务等的语言，通常以口号的形式出现。就语言特点而言，通常是简短的词语、词组、短语、句子等。广告语被用来展示产品功能或者彰显服务特色，传播品牌文化或者表达企业理念。成功的广告语可以快速地为广大受众接受和理解。

在高度市场化、信息化的今天，广告如同氧气和水一样无处不在。毫不夸张地说，人们被广告包围着，无时无刻不被广告影响着。广告早已渗透到当代人们生活的各个领域，成为现代人生活中不可缺少的一部分。

随着经济的不断发展，商业活动持续增加，各国之间的文化交流也日益频繁，广告语作为其中重要的一环，越来越受关注。一个好的广告语，能够有效地促进商业、文化等交流活动的开展。近年来，为了更好地宣传、推销产品，企业在广告上大做文章。自然而然，广告语翻译的重要性日益显著。

二、广告语翻译原则

（一）深入了解产品，正确解读广告语原文

任何翻译，第一步都是正确理解原文。在广告语的翻译中，不仅仅要理解原文，还要深入了解产品，只有这样才能将原广告语巧妙地译出来。如：

[例] 只为点滴幸福（蒙牛广告）

原译：Little happiness matters

分析：这是蒙牛在 2012 年投放的一则广告。此广告一出，网上就炸开了锅。许多网友认为这个译文几乎是原广告语的反面，因为 little 通常指"几乎没有"，多用于否定。尽管后来有不同的声音出现，但此译文整体上而言不算是非常好的译文。

改译：For every drop of happiness / Happiness in every drop

广告语的重要性不言而喻，因其举足轻重的地位，广告语的翻译不应出任何差错。所以，正确地理解原广告语、理解产品、理解品牌文化是翻译广告语的重要步骤。

（二）多用简单句和祈使句

好的广告语对品牌来说至关重要，有人将其比喻成品牌的眼睛，因为广告语对于人们理解品牌内涵，建立品牌忠诚度有着不同寻常的意义。广告语简洁、凝练，且口语化，具体表现为简单句和祈使句的广泛使用。如：

[例] Yes, we can!（奥巴马竞选获胜演说口号）

译文：我们一定行！

分析：这是美国前总统奥巴马在题为"美国的变革"的竞选获胜演说中重复提及的口号。严格意义上说，"Yes, we can"不是广告语，但它却极具感染力。2008 年全球金融危机，当时的美国人民最需要的就是信心。奥巴马的这句强有力的口号给美国人带来了信念和希望。译者将其翻译成"我们一定行！"，简洁又有力。

（三）突出核心词

广告文案大概是最讲究"炼字"的行业了。广告语简洁凝练的特性更加突显了其核心词的重要性。在翻译的时候，不论是英译中，还是中译英，译者都应该将最核心的词突显出来。如：

[例] Because you're worth it.（欧莱雅广告）

译文：巴黎欧莱雅，你值得拥有。

分析：欧莱雅有一个维持多年的策略，即在全世界选择最具魅力的明星作为品牌代言人，通过代言人的动人故事带出产品。欧莱雅品牌的奢华、高端、国际范儿也由此树立。译文"巴黎欧莱雅，你值得拥有"让女性觉得如果此生没有欧莱雅，则将是人生一大憾事，这也正是欧莱雅想要达到的目的。

（四）恰当使用修辞

广告语的目的是让人印象深刻，让目标群众耳目一新，所以有时候可以恰当地使用一些修辞手法。如：

[例] Guinnessless isn't good for you.（Guinness 健力士啤酒广告）

译文：没有 Guinness 啤酒对你不好。

分析：Guinness 曾使用 "Guinness is good for you" 这条广告语，后来有关机构责令其停止使用。因为 Guinness 属于烈性酒，它含酒精，不可能有益健康。对此，Guinness 的广告公司做出巧妙回应，推出了广告语 "Guinnessless isn't good for you"，其中 "less" 作为后缀，表示无、不能，双重否定更加强烈地传达了肯定的含义：Guinness 啤酒有益健康。

三、广告的文体特点及翻译要点

在当今商品经济时代，广告无处不在。忽视广告的翻译，经贸翻译就不完整。美国广告协会给广告所下的定义：广告最终的目的是传递情报，改变人们对于广告商品的态度，并诱发其行动而使广告主得到利益。广告语言的特点：吸引注意、创造形象、说服顾客、影响行为。广告主要有广告口号和广告语句。在对广告文体进行翻译时，不能只考虑字面的对等，而要从广告的功能出发，进行创造性的翻译，才能更好地达到广告主的目的，使广告发挥最佳的商业功能，达至预期的商业效果。因此，对其他文体语篇适用的"忠实""通顺"的翻译标准是不足以用来解决广告翻译的问题的。

翻译广告要做到传神、达意、表形、谐音，收到神似、意似、形似、音美的效果，就要充分考虑英汉文化背景的不同和审美习惯的差异，只有这样才能使广告翻译激发起受众的美好想象和购买欲望，达到推销产品的目的。因此，广告翻译不仅涉及译者的语言知识、文化知识和相关知识，而且更需要译者在以上三方面知识的基础上发挥创造力和想象力。广告翻译的创造性可以从英译汉和汉译英的翻译手法上体现出来。

（一）英译汉

1. 换用修辞手段

[例] Ask for More.（摩尔香烟的广告语）

这句广告语的特点是运用了谐音双关的修辞手段。More 既是香烟的品牌，而作为一个词，它又具有本身的含义——更多的。因此，译文要把这两种含义都表达出来，又要能为中国消费者所接受，就必须结合中文广告语的特点，进行创造性的翻译。

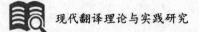

译文 1：摩尔香烟，多而不厌。

译文 2：摩尔香烟，多多益善。

这两个译文都采用了押韵的手法进行翻译，而没有用谐音双关的方法来译，因为在英语里可以做到谐音双关的词，在汉语里却不一定做得到。因此，译者换用了其他的修辞手段，在汉语受众中可以引起同样的接受效果，达到同样的推销香烟的目的。

2. 巧用汉语四字格词语或成语

[例 1] Good to the last drop!（麦斯威尔咖啡的广告语）

这是一句很普通的广告词，传递的信息是"咖啡味香，喝到最后一滴都是如此"。

译文：滴滴香浓，意犹未尽。

[例 2] A great way to fly.（新加坡航空）

这句广告词主要传递的是 great（神奇）这个词的意思。

译文：新（加坡）航飞行，飞越万里，神奇之旅。

以上两句广告语原文都是句子，译文都创造性地运用了汉语的四字格，听起来言简意赅、寓意深长、音调和谐优美，极易为汉语受众喜欢和接受。

3. 超额翻译

[例 1] You're at 35 000 feet. Your head is in New York. Your heart is in Paris. Your Rolex can be in both places at once.（Rolex 手表的广告语）

译文：身在 35000 英尺的纽约上空，巴黎的浪漫仍记在心中，唯有你的劳力士手表可以将两地包容。

在译文中增译了"浪漫"和"手表"两处。之所以增译"浪漫"，译者一方面想要照顾汉语句子的对偶和押韵，另一方面是想给受众介绍有关巴黎这座浪漫之城的背景知识，以引起他们对巴黎的联想，进而对劳力士手表产生兴趣。译者增译"手表"，也是想让汉语受众了解劳力士指的是什么东西。

[例 2] Trust us for life.（美国友邦保险公司）

译文：财务稳健，一生信赖。

[例 3] Anytime.（快递服务）

译文：随时随地，准确无误。

以上两则广告语的翻译主要是出于对中文表达习惯的考虑而进行的超额翻译。增加一句四字词语，使译文成为对偶或押韵的句式，更符合汉语广告语的表达方式，从而更能为汉语受众接受。

4. 欠额翻译

针对信息冗余的广告，在翻译成中文时，也可以按汉语习惯进行省略，即进行欠额翻译。

[例] Wherever you are. Whatever you do. The Allianz Group is always on your side.（安联集团广告语）

译文1：安联集团永远和你在一起。

译文2：安联集团永远在你身边。

5. 缺席翻译

由于英语在全球的普及，有些简洁的英语广告已经为汉语受众所熟悉或一看就明白其含义，因此，为了在广告翻译时标新立异、引人注意，在翻译广告词时可以照搬英文。有时译者一时想不出很好的对应广告语，照搬英文实属无奈之举，这也是个别现象。既然是翻译，就得译，因此，此举不宜效仿。

[例1] Open your eyes to the world（Slogan）：The world's news leader.

译文：CNN 国际新闻网让你放眼看世界（口号）：The world's news leader.

[例2] NEC Multimedia welcomes you home（Slogan）：Just imagine.

译文：NEC 多媒体公司变成你的家（口号）：Just imagine.

6. 直译

当然，广告翻译也可以直译，前提是源语与译语在各自的受众中的效果相似。

[例1] We're Siemens. We can do that.

译文：我们是西门子，我们能办到。

[例2] Challenge the Limits.

译文：挑战极限。

7. 编译

首先，编译适合因载体改变而需要改变体裁的广告；其次，它适用于原文稿完成的时间较早而现在看来已经时过境迁的广告；最后，适用于为不同文化层次的受众所译的广告。经过编译的广告，有的已看不出原文形式上的痕迹，几乎是用译入语按照源语的意思在重写，目的是让它适合译入语受众的表达习惯和接受心理，达到宣传和促销的目的。

（二）汉译英

1. 寻找特点，巧妙转译

[例1]你不理财，财不理你。（《理财》杂志广告语）

这则广告语使用的手法是玩弄文字游戏。这种玩弄文字游戏的手法在英语中也常常出现。

译文：If you leave *Managing Money* alone, money will manage to leave you alone.

[例2]第一流产品，为足下增光。（某种皮鞋油的广告语）

这则广告语中，"足下"是一个双关语，第一层意思是对广告受众的尊称；第二层意思是指"脚"，如能在翻译时体现出来的话，效果一定不错。

译文：Our first-rate shoe polish shines your shoes and makes you look great.

2. 寻找原文的逻辑联系，恰当转译

[例1]她工作，你休息。（某种洗衣机广告语）

这则广告的意思是洗衣机把繁重的洗衣工作做了，因此人就可以轻松了，前后两部分之间存在因果关系。

译文：She takes over the washing and you can have a good rest.

[例2]不同的肤色，共同的选择。（青岛啤酒广告语）

这则广告的意思是说虽然人们的肤色不同，但是都喜欢喝青岛啤酒，前后两部分之间存在让步转折关系。

译文：People of different colours like Qingdao Beer.

[例3]要想皮肤好，早晚用大宝。（大宝护肤霜广告语）

这则广告是说如果你要想皮肤好，大宝护肤霜能帮你达到目的，这是商家对消费者的一种承诺。前后两部分之间是假设和结果的关系。

译文：Dabao skincare will take care of your skin.

3. 讲究用词，通俗转译

做广告的目的是向广大受众推销产品，因此文字不宜过于典雅，以免给人以不真实之感。

[例]为您提供美，为您提供乐，为您提供爱，为您提供趣。（《故事会》杂志广告）

译文：It gives you joy and it gives you fun.

It gives you beauty and it gives you love.

原文和译文除了韵律美之外，还有简洁美，用词口语化，因此，使人觉得亲切可信。如果将 gives 换成 provides，效果就不一样了。试比较，"It provides you joy and it provides you fun. It provides you beauty and it provides you love." 中的 provides 是两个音节，读起来稍显啰唆；而 gives 只有一个音节，简洁明了，通俗易懂。

4. 编译

在汉语和英语的有些文章中，要表达相同的功能，可能会有不同的表达形式，这与两种文化的语言传统有关。比如下面一则关于钱塘潮的宣传介绍。

[中文原文]

钱江涌潮（节选）

"八月十八潮，壮观天下无"

浙江钱塘江河口的涌潮，自古蔚为天下奇观。它是大自然赋予的神奇景象。由于天体引力和地球离心作用，每逢农历初一至初五，十五至三十（应为"二十"。本书作者注），天体引潮力特别强，易形成大潮；农历八月十八日的大潮尤为壮观。而杭州湾喇叭口的地形特殊，海湾水域广阔，但河口狭窄，加之河床泥沙阻挡，易使潮流能量集中，江潮迅速猛涨，流速加快，涌潮现象频频发生。钱江涌潮，一年四季，周而复始。全年共有 120 天的"观潮日"，每天有日、夜两潮，尤以秋潮为最佳。每当大潮来时，开始远处呈现一条白线，声如闷雷。数分钟之后，白线向前推移；继而巨浪汹涌澎湃，如万马奔腾，潮声震天动地，真有翻江倒海之势，最高潮差达 8.93 米。钱塘江涌潮举世无双，其奇、其高可与亚马孙河媲美，被誉为"世界八大奇观"之一。

素练横江滚滚来——"一线潮"

明末以来，随着江河变化，钱塘江涌潮向下推移，海宁的盐官镇成了观潮的最佳胜地。涌潮每到占鳌塔时，便成一字形，故名"一线潮"。

漫漫平沙起白虹——"W 形潮"

涌潮到达眼前时，有万马奔腾之势、雷霆万钧之力，势不可挡，时而成"V字潮"，时而成"S 形潮"，时而成"W 形潮"。

卷起沙堆如雪堆——"返头潮"

潮水猛冲，凸入江中的围堤，形成"卷起沙堆如雪堆"的"返头潮"。

钱江后浪推前浪——"重叠潮"

涌潮经过长途奔袭，中途受到各种障碍物的阻挡，到达距钱江口 50 多公里的六和塔时已支离破碎，形成多头、多层、重叠的潮水，给人以"后浪推前浪"

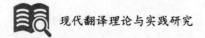

之感。

[参考译文]（郭建中译）

The Tidal Bore of the Qiantang River

"On the eighteenth of the eighth lunar month,

The tidal bore of the Qiantang River

Is a grand view second to none on earth."

The tidal bore located at the mouth of the Qiantang River in Zhejiang affords a magnificent view and constitutes a remarkable natural phenomenon. The bore is at its highest from the first day to the fifth, and from the fifteenth to the twentieth every month according to the lunar calendar. At this time, the moon and the sun exert the greatest pull on the ocean at the mouth of the Qiantang River. The bore is at its most spectacular every September on the eighteenth day of the lunar calendar's eighth month. The river's special physical features account for this remarkable natural phenomenon. Its outlet to the ocean, Hangzhou Bay, is extremely wide, shaped like a large trumpet. When the sea tide rises, it brings with it a huge amount of water, pushing inland at a great speed. However, the river narrows abruptly at this point. This, together with the river's sandy bed, prevents the water's smooth progress. As waves follow one after the other, the tide surges and creates a gigantic wall of tidal water, the so-called "tidal bore". The tidal bore operates in a cycle; there are only 120 days on which it is good to watch the bore. Moreover, there are two tides per day, the day tide and the night tide. The tides are greatest in autumn, the most spectacular time to view it. On the September day when the greatest tidal bore first appears, it is shaped like a long, white streak, and one hears a sound like muffled thunder in the distance. A few minutes later, a long, white streak of water chases itself down the river. As the tidal waves travel upstream, the water piles up higher and higher, as though tens of thousands of untamed horses were galloping upstream. The deafening noise inspires awe and admiration. Tidal waves created by the bore of the Qiantang River is now considered to be one of "the Eight Wonders in the World". Its unique shape and height have been compared to those of the Amazon River.

"A long, white streak rolls horizontally like a silk scroll."

Because of changes in the watercourse since the end of the Ming Dynasty, the tidal bore has gradually retreated lower down the Qiantang River. Nowadays the town of Yanguan in Haining City affords an excellent spot from which to view the bore. When the tidal waves reach the Haining Pagoda，they appear as a long, white streak. Thus it is called the "Thread Bore".

"A wall of waves stands abrupt against the horizon."

The tidal waves seen to pile on top of another, in a force similar to that created by thousands of wild horses. Here, one hears a muffled roar, as the tidal bore approaches nearer and nearer. It first appears in the shape of a "V", then as an "S", and finally, as a "W"; thus it is called "W-shaped Bore".

"Wonderful waves roll by, creating enormous clouds of foam."

As the waves crash against the river's bank，they create enormous clouds of silvery foam. Hence the name "Back-flow Bore".

Having traveled a long distance，the tidal bore gradually decreases in power. The tidal bore finally reaches the Six Harmonies Pagoda in Hangzhou, located about 50 km away from the mouth of the Qiantang River. Here one can see the waves behind driving on those ahead, overlapping each other, so it is called the "Overlapping Bore".

汉英两种语言在文体和表达方式上有很大的差异，如汉语原文对江潮的描写以及其中的种种比喻，读起来可能很美，但如果照字面翻译，有些说法在英文里会显得十分突兀，更不必说合乎英语的表达习惯了。那么，英语读者又怎么能对江潮产生一睹为快的向往呢？广告的翻译方法有时不是单一的，译者可以在一则广告中综合运用几种方法，目的就是给受众留下很深的印象，达到最好的宣传效果。

第四节　商务翻译

一、产品说明书翻译

（一）产品说明书翻译的宏观视角

随着经济全球化的不断发展，全世界范围内的商品流通越来越频繁。因此，为了更好地促进产品流通、经济交流，说明书的翻译越来越受到人们的重视。所谓说明书，是介绍物品性能、规格、使用方法的实用性文体，包括产品说明书、用户手册、操作手册等。好的说明书，不但能够有效地传达产品的相关信息，如成分、性质、使用方法等，还能在无形之中为产品进行宣传，扩大产品的知名度、认可度，进而达到提升销售量的目的。

说明书是生产厂家为消费者提供的一种书面形式的服务，旨在提供产品的相关信息，树立企业的良好形象，广而告之产品特色，最终进一步促进销售。就展示形式而言，说明书包括说明手册、说明插页、说明标签等。就产品用途而言，说明书包括食品类说明书、家用电器类说明书、化妆品类说明书、机械装备类说明书、书籍类说明书等。在说明书的翻译过程中，译者要充分考虑说明书的宗旨和说明书的文体特点，采取相应的翻译策略。

如今全世界范围内的商品流通越来越频繁。因此，可以说有商品的地方就有说明书。

说明书是实用性很强的应用文本。说明书主要用来介绍产品的成分、特点、性能和使用方法等，此外还有广告宣传的作用。一般而言，说明书语言简洁凝练、结构逻辑严谨、表达明确客观。在说明书的翻译过程中，要尽可能地在有效传递信息的基础上，再现说明书的文体特色和风格。

（二）产品说明书翻译原则

1. 使用简单句

说明书的受众是使用产品的消费者。为了兼顾不同教育背景和理解力的消费者，说明书常用简单句。因此，翻译时，在完整传递信息的同时要尽量简化句子结构。

[例 1] Our rosehip expertise ensures the finest quality oil with minimum 80% essential fatty acid（omega 3 and 6）and fatty acid（omega 9）content.

原译：趣乐活作为玫瑰果油专家对于我们的玫瑰果油有极高的标准，当中必须含有 80% 的必需脂肪酸欧米伽 3 和欧米伽 6 和脂肪酸欧米伽 9。

改译：玫瑰果油专家趣乐活为您呈现最优质的果油，其必需脂肪酸欧米伽 3 和欧米伽 6 和脂肪酸欧米伽 9 含量不少于 80%。

分析：原文为扩展简单句，介绍了产品的成分特征。译文较为完整地传达了原文的信息，但稍显啰唆生硬。再如：

[例 2] Individual results may vary.

译文：结果因人而异。

分析：产品说明书客观、正式，原文中用了情态动词"may"，在翻译时省译该词，处理成"结果因人而异"。

只含一个主谓结构且句子各成分由单词或短语构成的简单句在说明书中的

出现频率非常高，在翻译时，译者可以适当使用简单句，增加说明书译文的可读性。

2. 使用缩写词

正如上文所说，说明书篇幅有限。因此，为了在有限的篇幅中尽可能地传达与产品相关的信息，除了使用不完整的句子，在说明产品成分时，还常常使用缩写。

3. 使用祈使句

产品说明书是生产者向消费者介绍产品成分、用途、性质、使用方法、保养维护、注意事项等内容而撰写的简洁、明确的文字材料，是一种常见的说明文。在介绍产品使用方法时，常用祈使句。

[例 1] WARNING: Keep out of eyes. Stop use if irritation occurs. Keep out of reach of children.

译文：注意事项：使用时避开眼睛。如有过敏，暂停使用。请放置在儿童接触不到的地方。

分析：原文中"warning"一词大写，醒目地提醒消费者要注意的事项。翻译时，可用祈使句或者加粗字体等将这种警告、提醒的语气充分体现出来。

[例 2] Lightly mist onto face or mist into hands and gently press onto the skin.

译文：轻轻喷到面部或手部，温和按压至皮肤吸收。

分析：原文是典型的英语祈使句，提出产品使用的建议、劝告等。中文说明书也常用祈使句，因此，直译即可。再如：

[例 3] Gently massage 2-3 drops into face / body morning and/or night. Apply to young scars only once the wound has completely healed. Do not apply to broken skin.

原译：取 2—3 滴玫瑰果油在脸上或身体上轻轻按摩。每天早晚根据需要使用，可以单独使用或与面霜、乳液、身体乳混合使用。请不要在破损肌肤上使用。

改译：早晚取 2—3 滴玫瑰果油在面部 / 身体上轻轻按摩。本产品可用于淡化疤痕，但需注意不要在破损肌肤上使用。

分析：原文介绍了产品的使用量、使用时间、使用方法以及注意事项。译文基本上传达了原文的信息，但较为啰唆、不够简洁。

当然并不是所有说明书内容都使用祈使句，祈使句常用在产品使用方法和产品注意事项中。因此，在英译说明书中的产品使用方法和注意事项时，可以适当使用祈使句，以达到告知、警示等目的。

4. 主被动句转换

英语分为主动语态和被动语态。主动语态的主语是动作的执行者，而被动语态的主语则是动作的承受者。在说明书中，由于动作的执行者不确定，所以常常使用被动语态。例如：

[例] The carton is manufactured from recycled and sustainable fiber. Please recycle.

译文：本产品包装盒由可回收、可持续利用的纤维制造。请循环使用。

分析：英文说明书中常用被动语态以避免具体提及动作的执行者。因此，说明书汉译时可以化被动为主动，说明书英译时则可以化主动为被动。

英语中被动语态出现的频率要比中文里高得多，但要注意，这并不意味着被动语态可以随意使用。译者应该在适当的场合使用被动语态，不能为了使用被动语态而使用被动语态。

5. 不完整的句子

说明书篇幅有限，如何在有限的篇幅里介绍产品的成分、使用方法、注意事项等是值得译者深入思考的问题。不管是英文说明书还是中文说明书，常常会在包装盒上使用不完整的句子，突显关键词。如：

[例] Proven to improve the appearance of scars and stretch marks.

译文：临床研究表明本产品能够有效改善疤痕和妊娠纹等。

分析：原文省略了主语，为不完整的句子。翻译时，将完整信息译出更符合汉语表达规范。因此，在翻译不完整的句子时，如果这些不完整的句子会给消费者带来理解上的困惑，则需要采用增译的策略，使信息更为完善、清楚。

6. 大写的使用

产品说明书上的每个信息都是重要的。大写和加粗是作者在撰写说明书时强调重要内容的常用方法。因为大写和加粗都会使信息醒目、郑重、清晰，能够有效地吸引人的注意力等。因此，在英文说明书汉译时可以将关键信息加粗，在中文说明书英译时则可大写。

二、商务信用证翻译

商务文书涉及的内容较为广泛，包括简单的书信及电报信文，稍复杂一点的报盘、询盘，更正式的单证及提单，以及最为正式的合同和租约的草拟与翻译等，而后两者属于法律文体的范畴，这类的文体大多具有正式书面文体的特点，翻译时更要注意兼顾各类文体特点，做到表意准确、行文流畅。

信用证是由银行发行的证书，授权持证者可从开证行、其支行或其他有关银行或机构提取所述款项。它作为贸易上最重要的信用保证方法，代表买方的外汇银行，接受买方的委托，保证其货款的支付。万一买方付不出货款，根据契约规定，银行必须履行向卖方付款的责任。

信用证是保证卖方收到汇票后即可支取货款的信用文件。在卖方将货物装船后，外汇银行代替买方，开立汇票给卖方；卖方带着汇票和装船单据，到自己往来的外汇银行办理结算而取得货款。

信用证由开证行（Opening Bank）通过通知行（Informing Bank）交给卖方。装船后，由议付行（Negotiating Bank）结算后转回开证行。

信用证有其语言特点。从意义上来说，信用证是一项约定，它对双方均有约束力。它具有法律文书的语言特色，用词严谨、正规、专业性强，具体体现在以下几个方面。

（一）格式化和规范化

信用证的句式虽然句中缺少一定的成分，但却独立成句，且这种句式主要出现在其对单据和装船的限定等部分。系动词或助动词 be 常省略。

[例1] Latest shipment Sep. 10，2005.

译文：最近装船时间为 2005 年 9 月 10 日。

[例2] Shipment from Dalian to Nagoya.

译文：从大连运往名古屋的货物。

[例3] Each document to show B/L number and date and to be dated not earlier than 7 days from B/L date.

译文：显示提单编号和日期的每张信用证，其开具日期不得早于提单日期 7 天。

[例4] All correspondence to be sent to City Bank import services department.

译文：请将所有的信件送到城市银行进口部。

[例5] Transshipment prohibited.

译文：禁止转运。

[例6] Partial shipment allowed.

译文：允许分批装运。

（二）多用书面语

这种现象主要体现为大量使用介词短语，常用的有 in compliance with、as per、in view of、in favor of 等。例如：

[例 1] The bill is marked as per advice.

译文：汇票上标明"按照通知"字样。

[例 2] This certificate of silk products is issued in compliance with the consignee's request.

译文：丝绸产品证明书是根据收货人的要求开具的。

此外，商务信用证很少使用口语词，如表示"将来"一般用 be to do 结构或者 shall / will 结构，而不用 be going to do 或 be about to do。例如：

[例 3] This credit（is）to be negotiated at sight basis.

译文：本信用证以见票（即付）议付。

[例 4] We shall remit the proceed to you in accordance with your instructions.

译文：我们将根据您的指令将货款汇给您。

（三）古体词的使用

使用频率较高的词有 therein、thereafter、thereinafter、thereby、thereof、hereby、hereto、hereof、hereunder 等。

[例 1] Usance bill drawn hereunder are to be negotiated at sight.

译文：下面开具的远期汇票采取见票即付的方式。

[例 2] The negotiating bank is hereby authorized to make advance to the beneficiary up to an aggregate amount of USD 200 000（20% of the amount of L/C）. The advances with the interest at the ruling rate of exchange at the time of payment of such advance, are to be deducted from the proceeds of the drafts drawn under this credit.

译文：兹授权通知行给受益人预支信用证项下的款项，其金额不超过200000美元（为本信用证金额的20%）。本信用证项下的预支款，按付款当天公布的汇率折算并加付利息。预支款应从本信用证项下的汇票金额中扣除。

[例 3] We confirmed the credit and thereby undertake that all draft drawn and presented as above specified will be dully honored by US at our counter on or before.

译文：我们保兑本信用证并承诺我们将在到期当日或提前，在我行及时支付按以上说明开具并出示的所有汇票。

（四）语气的变化

信用证英语中，情态动词 may、must、can、shall、should 的使用频率很高，且意义变化较大。所以在实际翻译中不但要着重搞懂其表层意义，而且要分析其内在的含义，并弄清其语气的变化。

信用证属法律文书，开证行处于绝对的主导地位，通常其发号施令的强制性语气都是通过词语表达出来的。从下面这组信用证的属性和对单据的要求语中，可以看出，信用证是一项约定，而在这个约定中开证行处于绝对的主导地位。受益人想要支取信用证项下的款项，他必须满足信用证的条款，即必须满足开证行的要求。

[例 1] T.T. reimbursement（is）not acceptable.

译文：不接受电汇偿付。（T.T.: telegraphic transfer 电汇）

[例 2] This credit（is）not transferable.

译文：本信用证不可转让。

这两句是开证行的事实陈述，但传递的信息是强制性的。

[例 3] L/C No. should appear on all shipping documents.

译文：信用证号码必须在所有的货运单据中标明。

[例 4] Marine insurance shall cover the risks until applicant's warehouse in Japan.

译文：水渍险须包括运抵投保人日本仓库的所有风险。

[例 5] Packing list must show container Nos, and specify contents of each container.

译文：装箱单必须写明箱号，并标明每箱内的货物。

上述三句为开证行的命令语，虽然语气比较委婉，但强硬的语气还是深含其中的。

[例 6] Upon receipt of documents issued in strict conformity with credit terms and conditions, we shall cover you at your convenience. The present telex is the operative credit instrument and no written confirmation will follow.

译文：一旦收到严格按照信用证条款开具的凭证，我们将就您之便如数付款。本电传作为有效信用证，不再给书面保兑。

从上面这句不难看出，当谈到自己的责任时，语气明显变弱。

（五）被动语态的使用

被动语态可以把所要论述的对象放在句子的主语位置，以引起读者的注意。

而且被动语态的句法结构便于调节，利于人们采用修辞手法，增加句子的容量。另外，被动语态比主动语态的主观色彩更少，更符合严肃性和庄重性文体的需要。

[例] The advising bank is requested to notify the beneficiary without adding their confirmation.

译文：我们（开证行）请求通知行通知受益人没有加剧它们的保兑。

如果说将上面的原句子改为主动结构："The opening bank requests the advising bank to notify the beneficiary without adding their confirmation."。虽然汉译不变，但不难看出，主动结构平铺直叙，语气过于流露，内涵简单，显然没有被动结构的严肃和庄重。

（六）专业术语的使用

信用证因为具有国际通用性，意义精确严谨，文体特色鲜明，所以常使用专业术语。为了描述进出口流程的各个环节和与此相关的各类单据，信用证使用大量表意清楚的专业术语。翻译时必须熟悉该专业知识和专业表达法，否则会贻笑大方。比如有关信用证类别的词汇：

documentary L/C 跟单信用证

clean L/C 光票信用证

reciprocal L/C 对开信用证

irrevocable L/C 不可撤销信用证

又如有关当事人的词汇：

party 当事人

applicant/principal 开证申请人

beneficiary 受益人

issuing bank 开证行

再如表示单据的词汇：

draft 汇票

packing list 装箱单

bill of lading（B/L）提单

inspection certificate 检验证书

下面再举例说明：

back-to-back（letter of）credit 背对背信用证／转开信用证

bona fide holder

善意持有人（议付行向受益人垫付资金、买入跟单汇票后，即成为汇票持有人，也就是善意持有人。）

neutral document

中性单据（指不表现出口商名称的单据。）

proforma invoice

（拉丁语）形式发票（也称为"预开发票"或"估价发票"，是进出口商为了向其本国当局申请进口许可证或请求核批外汇，在未成交前要求出口商将拟出售成交的商品名称、单价、规格等条件开立的一份参考性发票。）

三、商务合同翻译

（一）商务合同翻译的宏观视角

《中华人民共和国合同法》第二条规定：合同是平等主体的自然人、法人、其他组织之间设立、变更、终止民事权利义务关系的协议。由此可见，合同得到法律认可，具有法律效应。就形式而言，合同分为书面合同、口头合同和其他形式的合同。本章讨论的合同为书面商务合同。

合同的存在是为了规定合同当事人各方的债务和债权关系，以合法且平等地进行交易。刘宓庆认为，合同具有条理性、纪实性和规范性。所谓条理性，指合同文本逻辑严密且语言体式清楚明了，条理十分清楚。所谓纪实性，指合同言而有实。而规范性则是指语言和表达的内容符合行业的要求，符合专业的标准。

商务合同属于法律文书，有其独特的文体特征。总结言之，就词汇而言，商务合同词汇得体、专业、规范、准确，体现为正式用语、专业术语、旧体词及同义词语的使用；就句法而言，商务合同中陈述句为绝对主体，复合句居多，被动句相对而言也比其他文本多。因此，翻译商务合同时要把握两个原则，一是"忠实"原则，即要在深入透彻理解原合同的基础上，尽可能地保留合同的文体特征；二是"规范"原则，商务合同有其独特的文体特征和规范，在翻译的过程中，译文要符合行业及专业规范。

中国加入 WTO 后，对外开放不断扩大，国际商务活动越来越频繁。国际商务活动、交流等都离不开合同。经济活动活跃的同时带来了一些涉外经济纠纷，其中不少纠纷是由于合同文字引起的。因此，要避免类似的纠纷，就要更加重视商务合同的翻译。

（二）商务合同翻译原则

1. 合理使用旧体词

作为对双方当事人有同等约束力的法律性文件，合同要求用词准确、严谨、条理清晰、规范。为了避免误解和歧义，不论是中文合同，还是英文合同，采用的都是正式且行文严谨、措辞准确的表达。就英文合同而言，正式的英文合同通常句式结构复杂，措辞常常使用现代英语中较少使用的旧体词，也叫古英语词。英语商务合同中常见的旧体词：以"here""there""where"等为前缀加上一个或几个介词构成的复合副词，如 hereby、hereof、hereunder、thereof、thereto、whereas 等。旧体词的使用能够有效避免重复、误解、歧义，同时能够使合同的行文更加简洁、准确、严密、规范。因此，掌握旧体词是商务合同英汉互译的重要前提。英文商务合同中常见的旧体词如下。

（1）hereby

"特此""因此""兹""在此"，常用在法律、合同、协议书等正式文件的开头语中。在合同条款中，若需要特别强调时也可使用，表示当事人借此合约，要宣示某种具有法律效力的"意思表示"，如保证、同意、放弃权利等，常放在主语后。如：

[例 1] All parties hereby agree that...

译文：所有当事人在此同意……

分析：hereby 在此意为 by this agreement，译为"所有当事人在此同意"。

（2）hereto

"至此""在此"，指上文已提及的"本合同的……""本文件的……"常放在要修饰的名词后面。如：

[例 2] items specified in Attachment Ⅱ and hereto

译文：本（合同、协议……）之附件Ⅱ所列之各项

分析：hereto 在此意为"items specified in Attachment Ⅱ to this contract/agreement/..."。

（3）herein

"此中""于此"，指上文已提及的"本合同（中）的……，本法（中）的……"等，常放在所修饰词后。如：

[例 3] to follow the terms and conditions herein

译文：遵守本（合同、协议……）所规定的条件

分析：herein 在此意为"to follow the terms and conditions in this contract/

agreement/..." 。

（4）thereof

"关于""在其中""由此"。如：

[例 4] This contract is written in the English language. In case of any discrepancy between the English version and any translation thereof, the English text shall govern.

译文：本合同用英语书写。若英文版本与译本之间有任何冲突，应以英文版本协议为准。

分析：句中"thereof"从上下文判断意为"the English version and any translation of the English version"，即 thereof 一词代替 of the English version。与以 here 开头的词如 hereof 的理解方法类似。

（5）whereby

"凭此协议""凭此条款"，常用于合同协议书中以引出合同当事人应承担的主要合同义务。如：

[例 5] A sales contract refers to a contract whereby the seller transfers the ownership of an object to the buyer and the buyer pays the price for the object.

译文：买卖合同是指出卖人将物的所有权转让给买受人，买受人支付价款的合同。

分析：句中 whereby 意为"a contract by which the seller transfers..."。

为了正确地使用古旧词，译者应不断加强中英文合同相关专业术语的输入，知晓合同、协议的书写规则。

2. 使用成对词和近义词

成对词和近义词在合同中出现的频率很高。在日常英语中，有些成对词和近义词有时可以互换，但在合同中不能随便互换，因为这些词表达的权利和义务有一定的区别。只有清楚地辨别它们，才能避免歧义与误解。大体上，成对词和近义词可以分为两类：第一类是词义基本相同的词，第二类是词义有明显差异的词。

同义的成对词和近义词在合同中使用时，尤其连用时，它们的词义都取其同义，旨在准确完整地表述意思，以保持合同在法律上的严肃性，避免争议的产生。这符合签订合同的目的。如：

[例 1] Party A shall no longer be responsible or keeping secret and confidential the part already published.

译文：甲方不再承担已经被公开部分的保密义务。

分析：句中的"secret"和"confidential"均为"秘密"。再如：

[例2] The terms and conditions of this Contract shall extend to and be binding upon and insure to the benefit of the parties hereto and their permitted successors and assigns.

译文：该合同条款对本合同双方、其继受人以及允许的受让人均有约束力，且为其利益而订立。

分析：这里的并列结构"terms and conditions"均表示（合同、协议、谈判等中的）条款。合同中的"terms"通常指的是有关款项条款，如货款、成本、佣金等方面的规定。而"conditions"不一样，它指的是不同情况、条件。这两个词在此连用表示合同条款。

3. 专业术语

法律术语的来源非常丰富，主要可以分为四类：第一类为创新性法律术语，如computer crime（计算机犯罪）。第二类为转换型法律术语，如"告诉"一词，作为一个法律专业术语，既改变了原来的词义，又改变了原来的语音形式。第三类为外来型法律术语，如破产、法人、知识产权等，此外还有法语的statute（法令）、warrant（搜查令）；拉丁语的proviso（限制性条款）。第四类为沿用型法律术语，如自首、诉状；英语中的exile（流放）、summons（传票）等。除了单词，还有一些常见的术语表达，如in witness whereof、in testimony whereof，意为"以此为证，特立此证"。如：

[例] 我方于2018年5月5日签署本文，特此证明。

译　文：In witness whereof, we have hereto signed this document on May 5, 2018.

分析：在这里"特此证明"可以译为"in witness whereof"。

四、会展文本翻译

（一）以效果为本

会展文本包括参展商手册、会展宣传、展会信息等。不同的文本有不同的宗旨，如参展商手册的受众是参加展会的商家，内容主要为参展需要准备的材料、需要填写的表格、参展价格、展位展馆信息等。纽马克在他的著作《翻译问题探讨》中以语言功能为依据将文本划分为三种主要类型，即表情功能

（expressive function）、信息功能（informative function）和感染功能（vocative function）。在 1988 年出版的《翻译教程》中他又增加了 3 种功能，即美学功能（aesthetic function）、寒暄功能（phatic function）和语言功能（metalingual function）。不同的会展文本展示上述不同的文本类型，如参展商手册主要是为了信息的传递，而展会宣传更多的是起感染作用。因此，针对不同的文本，我们应该采取不同的翻译策略。如：

[例1] 噪音管制措施通告（2018 美博会参展商手册）

原译：Notice of Noise Control Measures

改译：Noise Control Regulations

[例2] 对于违反规定擅自携带扩音设备并进行播放的参展企业，主办单位将直接终止违规展位的电力供应。恢复电力供应的申请不能保证在短时间内安排，由此所产生的接驳费用将由参展商全额支付。（2018 美博会参展商手册）

原译：For exhibitors who violate the Regulations, including but not limited to bringing in and playing amplifying equipment without authorization, the organizer shall directly terminate the power supply of relevant booths. The restoration of power supply may not be guaranteed in a short time, and the connection fee entailed shall be fully borne by the exhibitors.

改译：The organizer shall directly terminate the power supply of the booth in violation of the Regulations. The application for resumption of power supply may not be guaranteed in a timely manner, and the connection fee arising from this shall be fully borne by the exhibitor.

分析：原译拖沓，甚至有语法表达错误。此条规定出现在《噪音管制措施通告》中，通告明确提到参展商不能擅自携带扩音设备并进行播放。因此，在翻译的过程中，可以将此部分模糊化处理。另外，将主句"主办单位将直接终止电力供应"提前，将修饰成分置后，更符合英文的表达习惯。

（二）以信息为本

对于展会文本中的信息类文本，如通告、展位信息、展馆信息、申请流程等，译者在翻译时应以信息为本，将信息及时准确地传达给受众。例如：

[例1] 进馆及年龄限制：本展会只开放予业内人士参与。十八岁以下人士（包括参展商和买家）恕不接待，主办单位和展馆不设儿童托管处，请勿携带 18 岁以下人士前往。本展会以贸易为基础，主办单位及场地管理人员将严格执行规定。此规定亦适用于展会搭建期间。（2018 美博会参展商手册）

译文：Admission and Age Limit: This Exhibition is open to industry professionals only. Anyone below the age of 18 years old（exhibitors and buyers are included）is not allowed to enter. Moreover, no childcare services are provided in the halls, so please do not bring people under the age of 18 years old. Because this Exhibition is aimed for trading, the organizer and the site management personnel shall strictly implement this regulation which is also applicable during the exhibition construction period.

分析：例文规定了进馆及年龄限制，明确规定十八岁以下人士免入。在翻译的过程中，一定要确保此类信息的准确传达。另外，"本展会"的翻译可以参考商务合同中"本合同"（This Contract）的翻译，译为"This Exhibition"。

再如：

[例 2] 展览期间，因其施工或施工的工程导致重大伤亡事故，或发生展位倒塌，取消施工资格，全额扣减施工押金，并处以 5 万元的罚款。施工单位须承担因该事故所造成的一切经济及法律责任。该施工单位列入黑名单，永远不得直接或间接从事主办单位所有承办展览的现场展位搭建或环境布置工程。

（2018 美博会参展商手册）

译文：During the exhibition period, should there be any casualty caused by the construction or the construction project, or should there be any collapsed booth, the construction unit shall be disqualified and all its construction deposit shall be fully deducted and be imposed a fine of 50 000 *yuan*. The construction unit shall bear all economies and legal liabilities caused by the accident. And it will be blacklisted and shall never be directly or indirectly engaged in all on-site booth construction or environmental layout projects undertaken by the host unit.

分析：本条规定出现在《施工管理处罚条例》中，原文正式、严肃，可以参照合同的翻译方法，将其严谨正式的行文风格展现出来。具体表现为正确使用情态动词，如表示义务性规定，用 shall；表示可能性，用 should；表示将要，用 will。

总之，会展文本就行文风格而言，相对较为正式、严谨，且多为规定性条款表达。在翻译的过程中，一方面要确保信息的正确传达，另一方面要尽可能地还原源语的风格，可以参考合同文本的翻译方法和技巧。

第五节　科技翻译

一、科技文体的特征

科技文体是随着科学技术的发展而形成的独立的文体形式。科技英语（English for Science and Technology，EST）已发展成为一种重要的英语语体，20 世纪 70 年代以来引起了国际上广泛的注意和研究。科技英语可以泛指一切论及或谈及科学和技术的书面语和口语，其中包括：

第一，科技专著、科学论文、科学报道、实验报告和方案、技术规范、工程技术说明、科技文献及科普读物等；

第二，各类科技情报和文字资料；

第三，科技实用手册（包括仪器、仪表、机械、工具等）的结构描述和操作规程；

第四，有关科技问题的会谈、会议、交谈的用语；

第五，有关科技的影片、录像等有声资料的解说词等。

科技文体具有以下特点。

①科技英语和科技汉语中都多用动词现在时，尤其是一般现在时，表述"无时间性"。

②科技英语中多用动词的被动语态和非人称性以突出客观性，避免行文晦涩和表露个人情感，避免论证上的主观随意性；汉语习惯使用主动语态，采用正式的书面语，力求精确平易、直接紧凑、简洁明晰，很少带感情色彩。英国利兹大学斯韦尔斯的研究表明，科技英语中的谓语至少三分之一是被动态。这也体现出科技英语的特点：客观、真实、拒绝主观和臆断。

[例1] These shapes are used within columns or towers to provide inert surfaces for promotion of energy transfer or chemical reaction between liquids and liquids, gases and liquids, and gases and gases.

译文：这些陶瓷件置于圆柱体内或塔内，用于提供惰性表面，以促进液体与液体之间、气体与液体之间及气体与气体之间的能量传递或化学反应。

[例2] In the case of cross-partition rings, the load must be distributed along an element in a longitudinal plane containing the cylinder axis and midway between the partitions.

译文：对于十字隔板环，应沿圆柱轴所在纵断面上和两分隔板中间的圆柱体施加荷载。

③科技英语中大量使用抽象名词和介词，语言呈静态倾向；汉语中则大量使用动词，语言呈动态倾向。

④科技英语和科技汉语中均大量采用陈述语气，实事求是，内容严谨、准确。

⑤科技英语衔接性强，有许多连接成分，以表达各种逻辑关系，因此，长句、复合句多；汉语科技文本中大量出现零散句，形散神聚。

⑥英汉科普文章都采用一种比较通俗的语体。

⑦数字多。这是由科技文章的内容决定的，数字能给人一种真实可靠的感觉，也最有说服力。

⑧多使用长句。为了表述复杂的概念，使之逻辑严密结构紧凑，科技英语在句法方面多使用长句。统计资料表明，英语句子的平均长度为 17 个词，而现代科技英语文章的平均句子长度为 20—30 词，7 个词以下（含 7 个）的短句仅占 8.77%，超过 40 个词的长句占 6.3%。

二、科技翻译策略

（一）顺译法

虽然在很多情况下，复杂的英语句式在进行翻译处理时经常难以保持原状而不得不打破原句的句式结构，对之进行分译或倒译，但仍有一些英语长句所叙述的一连串动作按发生的时间先后安排，或按逻辑关系安排，与汉语的思维习惯和表达方式比较一致，此时可按原文顺序译出。

[例 1] When the fiber mass is reduced to the approximate sample mass required for a specific test, carefully adjust the mass using tweezers to remove or add fiber until the correct mass is obtained.

when 引导时间状语从句，后面的句子按时间先后顺序排列，可用顺译法翻译。

译文：当纤维的质量缩减到接近具体试验要求的样品质量时，用镊子仔细调整其质量，移除或添加纤维，直到达到要求的质量。

[例 2] As pinches are taken, care must be exercised that each pinch contains the total cross section of the pile from top to bottom at the point it is taken, including any grit or fines which may have segregated to the bottom.

原句为一个同位语从句，句首 as 引导时间状语，care 和 that each pinch

contains...it is taken 构成同位语，分词短语 including any grit or fines 后的从句为 grit or fines 的定语。本句的时间顺序和逻辑顺序符合汉语的表达习惯，所以可按顺译法翻译。

译文：在捏取材料时，必须注意每撮材料要包含所捏取堆层的顶部到底面的整个横截面部分，包括可能已离析到底部的微粒或细粉。

（二）倒译法

英语中的有些表达不符合中国人的思维方式，有些长句的表达次序与汉语表达习惯不同，如英语句子一般先交代主要内容，然后再使用从句或分词补充细节，或者先交代结果，再讲明原因或条件。这时就必须从原文后面译起，逆着原文的顺序翻译。

[例 1] Failure to provide a test specimen that accurately represents the lot from which it is drawn will produce misleading test results regardless of the accuracy and the precision of the test method.

译文：不考虑试验方法的精度和准确度，若未能提供可以准确代表其取样批次的试验试样，会导致产生误导性的试验结果。

原句是一个主语从句，主句是 "Murex will produce misleading test results."。该句中 to provide 作为从句修饰 failure，其中又包含两个叠加的定语从句。而 regardless of 引导的短语是整句的前提和条件，汉语习惯先说条件，再说结果。所以应该用倒译法，从后往前翻译。

[例 2] Back joint—a vertical mortar joint, parallel to the vertical substrate, between a chemical-resistant construction unit and a substrate or another chemical-resistant construction unit.

译文：待填槽——位于抗化学腐蚀结构单元和基底或另一结构单元之间，且平行于垂直基底的垂直灰缝。

原句为名词解释，先说明了 back joint 是一种 vertical mortar joint，然后用 parallel to 和 between 引导的后置定语补充解释。所以用倒译法把所有定语还原到主语之前，为避免定语过长，中途需要断句。

（三）分译法

英语强调形合，在表达多层逻辑关系时，往往通过连接手段和形态变化，把许多修饰成分，分句或从句连接起来，由主到次，依次叠加。汉语强调意合，表达同样的意思，通常用短句、分句、流水句，逐点交代，层层展开。因此，在英语长句中主句与从句或与修饰语间的关系并不十分密切时，翻译时可按汉语多用短句的习惯，把长句中的从句或短语化为句子，分开来叙述。为使语意连贯，有时还可适当增加词语。

[例] Broadcast resin monolithic floor surfacing—a flooring system whereby a film of catalyzed resin binder is applied on a prepared concrete substrate followed immediately by the seeding to excess, into this wet film, of a dry inert filler.

译文：宽幅树脂整体地板铺面指一种按照如下程序形成的铺面系统：将催化树脂黏合剂的薄膜铺于预制混凝土基底之上，随后立即在此湿润薄膜内植入超量干燥惰性填料。

原句介绍的是一种铺面系统，然后介绍了形成这种系统的程序。whereby 引导的从句是按动作的先后顺序进行的，可以顺译。into this wet film 是插入语，调整后的语序应为 seeding into this wet film of a dry inert filler to excess。

所以，whereby 引导的从句的功能是 a flooring system 的定语，如果按照汉语定语前置的习惯全部提前，定语未免过长。于是可以通过增词，把主语 flooring system 单独提出成句，然后把定语变为解释该 system 的句子。

（四）并句法

为了使译文更加紧凑明快，符合汉语的表达习惯，有时可以依据原文各句之间的逻辑关系，将意义上联系密切的两个或两个以上的句子进行缩合，使其中意义上相对次要的句子缩合成单词或短语，成为译文中句子的一个组成部分。

[例] Bearing area—for chemical-resistant it polymer machinery grout, the portion of the grout surface in contact with the underside of a supported surface.

译文：支承区——抗化学腐蚀聚合物机械薄浆的表面接触支承面底面的部分。

原句中第一句中的 grout 和第二句中的 grout 指代的是同一事物，完全可以合并，于是两句话就合译成一句了。

（五）综合法

有些长句顺译或者倒译都感不便，分译也有困难，这时就应仔细推敲，或按时间先后顺序，或按逻辑顺序，有顺有逆、有主有次地对全句进行综合处理，以使译文最大限度地符合译语表达习惯。

[例] Working time（chemical-resistant mortars）—the time interval in minutes after initial mixing of the component parts, at a specific temperature and in the absence of direct sunlight, in which the mortar may be applied to a brick or tile surface without curling behind the trowel.

插入语 at specific temperature and in the absence of direct sunlight 表条件，应置于句首，in which 引导的定语从句修饰 time interval，可以独立译成一个包含定语从句的句子。

译文：作业时间（抗化学腐蚀灰浆）——在规定温度和避免阳光直射条件下，材料初次混合后几分钟内的那个时间段。在这个时间段内，灰浆可以铺抹于砖瓦表面，且不会卷曲于泥刀上。

第六节 影视翻译

一、影视翻译的基本特征

影视翻译兴起于 20 世纪初，它与小说、诗歌、散文等文学作品一样都属于文学艺术范畴。有些电影改编自小说，属于文学翻译的一部分，因此影视翻译与文学翻译有很多相似点，比如都要求译者具有扎实的中文和外文功底，在翻译时都要事先对原作品进行全面深刻的了解，对译文字斟句酌、反复推敲，遵循信、达、雅原则等。但是作为一门图像艺术和有声艺术，影视翻译又是一种特殊的文学形式，受制于影视艺术本身的特殊性，有自己的特征，涉及语言学、翻译学、媒体传播学，是一个多学科交叉研究的整体。译者应当尽可能完整地表达原作的主题和精髓，不仅要翻译屏幕上的文字和演员的对白，还要考虑翻译的生态环境以及故事情节和主题发展过程中的各种变化因素。熟悉和掌握影视语言的特点与规律，是一个称职的影视翻译工作者必备的基本条件。

（一）口语化

影视语言与文学语言的特征不一样，首先文学语言是通过眼睛阅读的，而影视语言是通过耳朵和眼睛视听的，屏幕上的画面和人物所说的话语起着相辅相成的作用。一部影视作品（除了哑剧外）只依赖于看而不去听是难以真正理解的，能够完全听懂而不欣赏画面的影视作品也是不存在的。让画面说话是影视作品制作者努力的方向。在影视作品中，常常会出现让译者头疼的事情。例如，"he" "she" "it" 三个单词译为汉字分别是中文里面发音相同但是字形不同的"他""她""它"。对于文学作文的读者而言，三者翻译的区分一目了然，不构成区分的问题，但是对于影视作品的观众而言，如果直译就会让观众觉得可笑而又莫名其妙。例如，"He cheated her." 译成中文"他欺骗了她"，读者没有阅读障碍，但是如果是配音翻译就令人头疼了，到底是"他欺骗了她"还是"她欺骗了他"？唯有译者将译文改译成具体指代的人才能让影视观众理解清楚，不产生误解。另外，影视语言的口语不等于现实生活中的口语，它是现实生活中的口语艺术化、文学化的结果。

（二）瞬间性

影视剧中人物的对白要么是有声语言，要么是屏幕下方出现的字幕，都是一瞬而过的，若听不懂或没来得及看，又不可以重复播放的话，只能放弃，既不能再听一遍，也没有时间思考，因为一旦思考就会错过后面的对白和画面。文学作品的读者对于小说或诗歌等的语言或情景的描述没看明白，是可以反复斟酌的。因此，影视翻译必须考虑到时间、空间和译文的流畅通顺，让观众在最短的时间里获得信息的最大化。

（三）简洁性

影视语言是由画面语言与人物语言组成的，并且这两种语言具有互补性。影视语言大量的叙事与刻画人物形象的任务由画面语言承担，这就在很大程度上减轻了人物语言的任务，也就为影视语言（人物语言）的简洁性提供了条件。人物语言的简洁是为了给演员留下充分的表演空间。要在有限的时间内顺利完成叙事任务，影视作品中自然就容不得冗长烦琐的人物语言。

（四）雅俗共赏性

作为大众文化娱乐作品，很多影视作品就是对生活的重新呈现，绝大部分影视语言是由人物对白构成的，对白的内容是整个影片的核心，优秀的对白翻译要遵从口语化的特点：贴近生活、易于上口、简短、直接和生动。因此，影视作品的对白要做到雅俗共赏，不能过于典雅，更不能太晦涩。但是不能过于典雅并不是说要很通俗，而是应该根据角色的身份而定，该雅的时候就雅，该俗的时候就俗。如果为了通俗性，或者为了照顾观众的文化水平而将影视作品语言都翻译成大白话，那么就失去了影片追求的语言文化效果，违反了影视翻译的目的。

（五）无注性

在文学翻译中，如果译者觉得读者有理解困难之处，可以在该页或该章节后做注解，但是影视翻译者由于时空限制难以做这种注解。影视作品允许在对白之外做文字说明，比如在影片开头介绍故事的历史背景，或者在片尾继续介绍故事的结局，或者在片中打上地名、年份和人名。但是那是原片就有的，译者为了注解而在作品中另外加字幕是受时空限制的，除了网络字幕组的翻译，上映大片中是不允许加上注解性字幕的。因为这样会使观众目不暇接，注解字幕也会增加观众的欣赏负担，使观众觉得唐突和不知所云。

（六）大众化

一般来说，诗歌、散文和小说等文学作品有着明显的深浅难易之分，对读者的文字阅读能力有着较高的要求。但是影视作品是大众化的艺术，影视作品的语言必须符合广大观众的教育水平，让人一听就懂，如果故作高雅、脱离生活，反而会适得其反，这也与影视语言的瞬间性特征有关。

二、配音翻译

（一）口型一致

相对于字幕翻译而言，配音翻译的要求更高，不但对白要翻译准确，口型也必须要一致，即在保证准确、生动、感人的前提下，力图在长短、节奏、换气、停顿乃至口型开口等方面达到与剧中人物说话时的表情、口吻相一致，尽可能地让配音影片显得更自然、真实。

例如，英国王妃戴安娜在接受英国广播公司（BBC）采访时说过："No, not at all, I come from a divorced background. I didn't want to go into that one again." 翻译成中文："不，绝对不是。我来自一个婚姻破碎的家庭，绝不会希望重蹈覆辙。"这样人物的表情和口型跟配音翻译就匹配上了，配音和字幕声画同步翻译，让译语观众感受到与源语观众一样的语言信息和情感。

要做到口型一致，首先要保证长度一致，译者要考虑字数的对应，中文句子的字数要和英文句子的音节数基本吻合。如果在长度上出入太大，就要考虑对白内容上的增减，但不能影响原文的意义，并且与原文的风格和语境保持一致。

[例] Jane：Do you think because I am poor, obscure, plain, and little, I am soulless and heartless? I have as much soul as you, and full as much heart!（《简·爱》）

译文1：你以为，因为我穷、低微、不美、矮小，我就没有灵魂没有心吗？我的灵魂跟你一样，我的心也跟你完全一样！（祝庆英译）

译文2：你以为我不漂亮，也不富有，就没有灵魂，没有爱吗？我也是有心的人！（张春柏译）

译文1是文学作品的翻译，追求语言形式上的忠实，译文2是电影剧本的翻译，译文追求口型及句子长短的一致，读起来还要朗朗上口。

口型一致还要注意选词保持开合一致，特别是在原文句子中间停顿以及句尾的字更要注意与演员的口型吻合。如果英文对白最后一个音是闭口音，那么翻译时最后一个中文发音就不能是开口音，整句话的节奏和口型趋势也要尽量与英文对白一致。

（二）人物性格化和情感化

由于社会阶层、年龄、性别、受教育程度、经历以及其他社会因素的影响，人都有自己的语言变体，有着人物的特色。因此，人物语言是塑造典型人物、刻画人物形象的重要手段之一。译者在翻译时，为了做到语音与画面的贴合，要准确把握剧中人物的个性。译文需要根据不同人物转变不同风格，使配音或者字幕言如其人。例如，硬汉形象要用坚毅、严酷的口吻；而少儿形象则要轻松、可爱一些。而即使是同一人物，处于不同的情绪下，其语言表现形式也会有所改变。因此，译文的语言风格可谓千变万化。另外，任何语言都有时代性，语言的时代特征主要表现在词汇层面，翻译一部影视作品时，要结合其题材类型、时代特征以及人物性格特点，译文要符合原影视作品的风格。

译者还要考虑译文与人物情感和情绪的对应。声音的高低、轻重、快慢可以表达不同的意义和情感，恰当的脚本翻译必须掌握好语言节奏的轻重缓急。不同的语言有其独特之处。英语是语调语言和重音语言，不同的语调、重音表示不同的态度、口气和感情，而汉语是声调语言，说话者要靠阴、阳、上、去四声来区别，译者要努力使译文对白与原文在节奏、轻重以及停顿等方面一致。

（三）语序与画面一致

不同的语言在表达同样的内容时，其语法和句法结构是不一样的，人物语言与人物的表情、动作顺序要保持一致不是一件容易的事情。有时候按照原对话的语序得出的译文对白会造成配音和画面不一致，从而影响观众欣赏。为了使配音和屏幕画面配合完美，译者必须采取以戏剧性情景声画同步为主，语义、语音声画同步为辅对译文语序做调整的配音翻译策略来保证银幕上演员所说的话符合现实，以此加强画面的真实感。

[例] Nigel：He ties this demon to a rock, and what's his reward? He gets to battle an entire jellyfish forest! Now he's with a bunch of sea turtle on the E.A.C... And the word is he's headed this way right now...to Sydney!

译文：大嘴哥：于是他把那个怪物捆在了岩石上，结果怎么样呢？他又和无数个海蜇展开了生死搏斗。据说，目前他正在和海龟一起从东澳大利亚洋流直奔悉尼，就快到了！

这一段中，热心开朗的大嘴哥（Nigel）找到尼莫，宣扬马林的英雄事迹。因为兴奋而语速飞快，说到精彩处，更是指手画脚、眉飞色舞。对于这一部分，译者要考虑如何精简汉语、调整语序，使其口头语言与肢体语言相对应。比如说到"tie"时，大嘴哥做了一个捆绑的动作，快速敏捷，而译文为"把那个怪物捆在"，等配音说到"捆"时，动作已经结束，比原文慢了一拍，建议改为"他绑了怪兽拴在石头上"，与原文画面动作保持一致。又如，在"forest"处，大嘴哥有一个双翅张开的动作，表示水母阵势之大，然而因译文不够简洁，之前又有延迟，大嘴哥动作结束时中文配音只进行到了一半，如果改为"接着呢？他又大战整个水母群"，就更加一致了。

"And the word is he's headed this way right now... to Sydney!"中文翻译调整了语序，符合汉语表达习惯，但与画面结合不够紧密。大嘴哥说到"headed this way"时，向下指了指，表示就来此地；说到"Sydney"时，张开双翅表示最后高潮，但是译文结尾平淡，失去了最后的震撼力度，不如顺应原文语序，改为："听说正往这来啊——来悉尼！"

（四）配音翻译的艺术缺失

演员的声音是影视作品非常重要的组成部分，配音有时候不可避免地会造成艺术表现的损失。这方面最突出的就是方言和口音译制的失色。例如，《乱世佳人》是一部以美国南北战争为背景，讲述主人公斯嘉丽与白瑞德之间一段跌宕起伏的爱情故事的电影。斯嘉丽是美国南方种植庄园的千金小姐，因此其扮演者费雯丽的英语带有美国南方口音。《尖峰时刻》的黑人演员克里斯·塔克讲话速度极快，并带有明显的黑人英语特征。著名演员梅丽尔·斯特里普在电影《廊桥遗梦》中说的是意大利口音的英语。这些细节很好地体现出了角色的家庭背景，但在译制片里这些口音都无法配制。如果影视剧里面的人除了讲英语还讲第二种语言，以突出剧中人物的文化背景或者语言天赋，那么配音演员也是很难去复制和传达这种语言效果的，只能全部用普通话去配音，失去了原片的艺术特色。

三、字幕翻译

（一）节略和压缩的翻译策略

在字幕翻译过程中，译者要在正确判断目的语受众的认知力的基础上，对

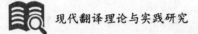

于一些与认知活动关联较小，甚至无关紧要的信息进行删减节略。这些信息通常包括：

1. 语气词

例如，well，oh，I tell you，you know，say，so，I think 等。

[例 1] Well, you're very good at it.（美剧《我们这一天》）

译文：你的讲解非常到位。

分析：这里的 well 属于语气词，在翻译时可以直接省译。

[例 2] So, many, many years ago...（美剧《我们这一天》）

译文：很久很久以前……

分析：译者在翻译时省译了 so。

[例 3] Oh, Sloane, do the story.（美剧《我们这一天》）

译文：斯隆，你来讲这个故事。

分析：译者将语气词 oh 省译。

2. 语义重复的对白

[例] Father, that was a great sermon. Made me weep.（电影《百万美元宝贝》）

译文：神父，刚才的布道太精彩了，我都流泪了。

分析：译文很啰唆，因为它包含了一些不必要的信息。对话的这两个人刚从教堂出来，其中一个人是神父，所以说原文的"sermon"必然是"刚才的"布道，因此，"刚才的"没有必要译出。

改译：神父，您的布道真好，我都听哭了。

3. 冗长拗口的对白

[例 1] The beauty of the fortress city was a legend.（电影《霍比特人》）

译文：它的壮丽如口耳相传的传说一般。

分析：原译较为啰唆拖沓。

改译：城池之壮丽已成为传说。

[例 2] Its wealth lay in the earth, in precious gems hummed from rock.（电影《霍比特人》）

译文：它的财富就嵌在泥土中，是岩石中打磨出的珠宝。

分析：原译不够简洁凝练。

改译：它的财富就在地下，是那岩石中打磨出的珠宝。

（二）化暗示为明示的翻译策略

字幕转瞬即逝的特点决定了字幕翻译要在瞬间给受众带来视听感受，因此译文越自然、越生活化越好。最理想的状态是受众看完就觉得是日常生活中说的话，一看就懂，不需要停下来思考。由于英语和中文语言表达等方面的不同，即便是同一件事、同一个道理，陈述起来也可能也有很大的不同。因此，在翻译的过程中，要采取增译、解释、改译、意译、加注等手段将暗示的内容明示出来。

文学翻译可以尽量保留西方文化的意象，但影视剧翻译应始终记住翻译的宗旨是要让受众尽可能不费力气地理解原台词传递的信息。字幕翻译的首要职责不是介绍西方文化，而是让受众看懂情节，并得到视听上的享受。因此，译文最好让受众一看就明白，不需要回过头来思考。

[例] If you do, I' ll be forced to Nagasaki your life and career.（美剧《我们这一天》）

译文：如果你一走了之，那就别怪我毁掉你的生活和事业。

分析："Nagasaki"是日本城市长崎的英文名。这座城市在"二战"期间遭受了原子弹的袭击。因此，这个词也被用来表达"摧毁，毁灭"。在翻译受众认知能力之外的典故时，不能直译，需要将其意译出来，采用化暗示为明示的翻译策略。

（三）归化的翻译策略

字幕翻译最重要的任务是最大限度地传递影视作品的语义信息，帮助受众跨越语言障碍。因此，在字幕翻译中，译者要尽可能地靠近读者（受众），让受众以最小的努力便可以获得最大的语境效果。就具体的翻译策略而言，译者首先必须利用各种翻译策略，尽可能地以读者为本；就措辞而言，译文应当尽量简洁、清晰、通俗易懂。由于中西方文化的显著差异，在字幕翻译的过程中，译者要尽可能地向受众靠拢，将源语中的文化信息用归化的翻译策略传递给受众。

[例] You' re standing outside my church comparing God to Rice Krispies?（电影《百万美元宝贝》）

译文：你这是站在我的教堂外面把上帝比作脆米饼？

分析：原译让人摸不着头脑，可改译为"这可是教堂，你竟拿上帝开玩笑？"。当原文用的是目的语读者不熟悉的比喻时，可以大胆采用归化的翻译策略，将目的受众不熟悉的内容译为熟悉的。

（四）四字词语、成语的使用

四字词语或成语的含义丰富、形象生动、读起来朗朗上口，且能够较好地解决字幕翻译受制于时空的问题，经常用于字幕翻译之中。举电影《了不起的盖茨比》中的字幕翻译为例。

[例 1] Back then, all of us drank too much.

原译：当时，我们每天都醉生梦死地虚度光阴。

改译：那时，我们每天都醉生梦死。

[例 2] The more in tune with the times we were, the more we drank.

原译：越和那个时代的步调相契合，我们喝得越多。

改译：越是与时俱进，越是长醉不醒。

[例 3] And none of us contributed anything new.

原译：所有人脑子里都被迂腐陈旧之事所填满。

改译：我们也越是陈旧迂腐。

分析："醉生梦死""与时俱进""长醉不醒""陈旧迂腐"这些四字词读起来朗朗上口，且占用篇幅较小，符合字幕翻译的要求。

第四章 跨文化交际与翻译

语言不仅携带着一定的信息，更是文化的载体。因此，翻译不仅是两种语言之间的转换，也是两种文化之间的转换。在经济全球化的今天，翻译作为不同语言和文化之间沟通的桥梁，无疑发挥着重要作用。这也使得翻译和文化之间的相互制约成为必然。一些学者或者从文化的角度来研究翻译，或者将翻译置于文化的语境下来进行研究，从而促使翻译研究的文化转向。本章就围绕跨文化交际与翻译进行系统论述。

第一节 文化的含义

无论是在汉语中还是在英语中，"文化"的概念都经过了漫长的演变。

一、汉语中文化的定义

"文化"一词在古汉语和现代汉语中有着截然不同的含义。

"文化"是怎么来的呢？"文化"一词首次出现在汉代的《说苑·指武》中，来自"文化不改，然后加诛"这句话，这里的"文化"对应于"武务"，表达的是一种治理社会的方法和主张。

南朝齐王融的《三月三日曲水诗序》中记载："设神理以景俗，敷文化以柔远。"在此处，"文化"是指用诗书礼乐等来感化人、教育人。

《辞海》指出：广义的文化是将人类在劳动实践过程中所创造的物质文明和精神文明相加以后的结果；狭义的文化是指社会上主流的感观思想以及相对应的制度、机构。

张岱年和程宜山认为，人类生存于世，就需要处理自己与他人和事物之间的关系，在这个过程中人类就启用了一定的思维方式和行为，这就是文化。

二、英语中文化的定义

汉语中的"文化"对应于英语中的 culture，而 culture 一词是从拉丁文cultura 演变而来的。该词起初是指"犁"，表示一种过程和动作，后来又转变为"培养人的技能、品质"，然后到了 18 世纪又进一步转变，表示"整个社会里知识、艺术或心灵的普遍状态"。

在学术界，首次给"文化"做出正式界定的学者是英国人类学家爱德华·泰勒，他对文化所下的定义被视为一种经典性的定义。他在 19 世纪 70 年代出版的《原始文化》一书中强调，在民族学的框架内，文化是由知识、信仰、艺术、道德、法律、习俗以及作为一个社会成员的人所习得的其他一切能力和习惯组成的一个整体。

萨姆瓦等人一直致力于交际问题的研究，认为许多前辈不断在研究上投入更多的精力和心血，因此使得更多的知识、信念等精神元素以及一些物质元素展现在世人面前，这些统统可以称为文化。

美国社会学家伊恩·罗伯逊对社会学进行了颇多思考，他认为在社会学的范围内文化就是供人们使用的物质和非物质产品。

莫兰指出，时代在变，社会环境在变，人类的价值观和生活方式也在变，这就是文化所导致的结果。文化包括物质方面，也包括精神方面。

三、文化的特征

（一）动态性

由于社会环境、时代特征变得跟以前不同，人们为了求得生存，不得不创造不同的文化，因为文化终究只是人们满足自身生存需求的手段之一。每一个时代都有与之前的时代不一样的地方，因此文化始终是在变的。

文化又像一个洋葱，剥开外面那一层，还有里面那一层。所以，文化分为外层文化和内层文化。外层文化是人们表现在行为举止上的文化，内层文化是思想上的文化，是外层文化的内在根源。在经济全球化背景下，不同国家、民族之间的交往越来越多，这其中必定包含着不同文化之间的交流。文化交流可能使得文化内部要素发生"量"的变化，而"量"的变化也可能促使"质"的变化。外层文化要比内层文化更容易发生变化，并且变化得更多。也就是说，发生在衣、食、住、行等方面的变化要比信仰、价值观等方面的变化更加明显。

（二）外显性

如前所述，文化具有外层和内层之分。人们的内层文化通过外层文化表现出来，因此，文化具有外显性。人作为一种有灵魂和思想的高级动物，其行为方式就反映着灵魂和思想。在创造文化的过程中，人类将认识世界的精神成果转化为外显有形的行为方式，因而这些行为方式就构成了文化的表象，从而指导着人们的生活方向。人们一方面必须接受这些法则的规范和引导，另一方面又在这种文化中展现人生的意义和价值。正是因为文化具有外显性，所以文化差异是可观察的。一些交际冲突是由文化差异引起的。在交际中，误解是常见的一种现象，要想尽力避免误解的产生而使交际顺利进行，就需要交际双方对同一行为表现具有一致或相近的解释。在交际过程中隐藏着一种潜在的危险，那就是差异。交际的顺利进行要求交际双方共享一套社会规范或行为准则。

（三）聚合性

每一种文化都具有一个或几个"文化内核"，这些内核具有极强的向心力，可以聚合其他各种亚文化。文化的这种聚合作用，可以使得文化在外界环境的巨变中仍然保持着自身的特色。例如，在中国的传统文化中，融自然哲学、政治哲学和伦理哲学为一体的"天人合一"世界观，以及"经世济国"等精神元素，一直发挥着"整合"作用。由于不同文化有着不同的"内核"，必然导致人们在价值观念、认知模式、生活形态上的差异。如果交际双方不能理解对方的文化，就会导致交际冲突。

四、文化的类型

关于文化的类型，有很多种划分方法。人们选择的划分标准不同，所得出的文化类型就不同。文化是一个包容性很强的概念，因此对它进行划分的角度是比较广的。文化有着不同的类型，但它们没有高低优劣之分。

（一）从文化结构解剖的视角

1.二分法

文化规范塑造了该文化成员的交际方式，而交际方式是文化的外在表现。有学者从文化和交际的关系的角度出发，将文化分为交际文化和知识文化。

交际文化是直接影响跨文化交际的文化信息。交际文化又分为外显交际文化和内隐交际文化。外显交际文化主要是关于衣食住行的文化，是表现出来的；内隐交际文化是关于思维和价值观的文化，不易被察觉。

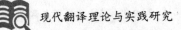

知识文化是不对跨文化交际造成直接影响的文化，包括文化实物、艺术品、文物古迹等物质形式的文化。

2. 三分法

从微观、中观和宏观的角度，可将文化分为物质文化、制度文化和精神文化。

微观的物质文化就是人类在社会实践中创造的有关文化的物质产品。物质文化作为文化的基础部分，是用来满足人类的生存需要的，只是为了让人类更好地在当前的环境中生存下去。人从出生开始就离不开物质的支撑，物质是满足人类基本生存需要的必需品。

人是高级动物，会在生存的环境中通过合作和竞争来建立一个社会组织。这也是人与动物有区别的一个地方。人类创建制度，归根到底还是为自己服务的，但同时也会受到制度的约束。

一个社会必然有着与社会性质相适应的制度，如各种规则、法律等。制度文化就是与此相关的文化。

精神文化是人类在认识世界和改造世界的过程中挖掘出的一套思想理论，包括价值观、文学、哲学、道德、伦理、习俗、艺术、信仰等，因此也称为观念文化。人与动物的一个本质区别就是，人具有思想性。人有大脑，会思考，有意识。精神文化就是有关意识的文化，是一种无形的东西，构成了文化的精神内核。

（二）从人类学的视角

文化是在人类中产生并发展的，因此文化学与人类学无法脱离关系。想要研究人类，无法越过文化这一层面。人类文化相当于一个金字塔，处于金字塔底部的是大众文化，处于金字塔中间的是深层文化，处于金字塔顶部的是高层文化。

大众文化是普通大众在共同的生活环境下创造出来的一种生活方式、交际风格等。深层文化是不外显的，是内隐的，对大众文化有着指导作用，包括思维和价值观等。所谓高层文化，又称"精英文化"，是指相对来说较为高雅的文化内涵，如哲学、历史、文学、艺术等。

（三）从支配地位的视角

文化一旦产生，就对生活在其中的人有着一定的规范作用和约束力。人从出生起，就开始接受文化的熏陶。文化是由人创造的，社会中的人又是形形色色的，因此文化不是单一的。一个社会中通常有多种文化，但是人们最终会按照哪一种文化规范来生活，就要看文化的支配地位了。因此，有人从文化的支配地位的视角出发，将文化分为主文化与亚文化。

所谓主文化，是指在社会上占主导地位的，并被认为是人们普遍接受的文化。主文化在共同体内被认为是具有最充分的合理性和合法性的。主文化具有三个属性：一是在权力支配关系中占主导地位，得到了权利的捍卫；二是在文化整体中是主要元素，这是在社会的更迭中形成的；三是对某个时期产生主要影响，代表时代的主要趋势，这是时代的思想潮流决定的。

亚文化是在社会中占附属地位的文化，它仅为社会上一部分成员所接受，或为某一社会群体所特有。亚文化也有两个属性：一是在文化权力关系中处于从属地位；二是在文化整体中占据次要地位。虽然亚文化是与主文化相对应的一种文化，但是二者不是竞争和对抗的关系。值得注意的是，当一种亚文化在性质上发展到与主文化对立的时候，它就成为一种反文化。在一定条件下，主文化与反文化还可以相互转化，它们不是积极与消极的代名词。

（四）从语用学的视角

语用学告诉我们，语言的意义需要根据具体的语境来确定，所以语言依赖于语境。既然语言的意义和语境分不开，文化和语言又分不开，那么文化和语境也是分不开的。文化对语境有一定程度上的依赖，但是不同的文化对语境的依赖程度是不尽相同的。在某些文化中，人们的交际受语境的影响巨大，而在某些文化中，人们的交际受语境的制约较小。

按照文化对语境依赖程度的不同，可以将文化分为低语境文化和高语境文化。低语境文化是指对语境的依赖程度较低，主要借助语言符号进行交际的文化。高语境文化是指对语境的依赖程度较高，主要借助非语言符号进行交际的文化。在低语境文化中，人们大都是通过符号来传递交际信息的。而在高语境文化中，交际环境和交际者的思维携带着大部分的交际信息。由此可见，语言信息在低语境文化中显得更为重要。在低语境文化中，人们要求或期待对方的语言表达要尽可能清晰、明确，否则他们就会因信息模棱两可而产生困惑。而在高语境文化中，人们往往认为事实胜于雄辩，沉默也是一种语言。因此，低语境文化与高语境文化的成员在交际时易发生冲突。

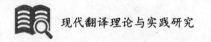

第二节　跨文化交际

一、跨文化交际的含义

（一）交际双方必须来自不同的文化背景

文化背景的差异是一个宽泛的概念，既指不同文化圈之间的差异，又指同一文化圈内部亚文化之间的差异。不过立足跨文化交际，文化差异主要指不同文化圈之间的差异，尤其是中国和欧美国家的文化差异。因为从跨文化交际的实际情形来看，由于文化背景的差异导致交际失误，容易引起冲突的主要是中国和欧美国家的人际交往。中国同亚洲地区国家，如日本、韩国以及东南亚一些国家的人际交往，虽然也有文化差异，但要比与欧美国家的人际交往顺利得多，这是因为这些国家与中国同属东方文化圈，彼此之间在文化取向和交际规范方面有很多相通的地方。

（二）交际双方必须使用同一种语言交际

这是显而易见的，假如一方使用一种语言，而另一方使用另外一种不同的语言，交际是无法进行的。但是，既然交际的双方来自不同的文化背景，又要使用同一种语言，那么用来交际的语言对一方来说可能是母语，而对另一方来说必然是第二语言（习得的"目的语"）。比如一个中国人与一个美国人交谈，他们可以选择使用汉语，也可以选择使用英语，这样他们就可以用同一种语言直接交际，而不需要通过翻译这个中间环节。

（三）交际双方进行的是实时的口语交际

跨文化交际的途径多种多样，可以是语言符号的交际，也可以是非语言符号的交际，如商品、画报、实物、影像、演出到其他物化形式符号的交际；可以是现场的双向交际，也可以是通过媒介的单向交际，如电视、广播、报刊、广告等传播方式的交际；可以是口语交际，也可以是书面语交际，如信函、公文等的来往。

二、对跨文化交际的研究

当前国内的跨文化交际研究主要集中在外语教学界。跨文化交际是一门年轻的学科，它是在国际交往日益频繁、全球经济一体化的特定时代产生的新兴学科。在中国，跨文化交际研究是改革开放的产物，是汉语国际推广战略决策的需要。跨文化交际又是一门综合性学科，它是当代社会科学学科综合研究的结果，学科背景主要涉及文化语言学、社会语言学、言语交际学。文化语言学凸显"文化"的侧面，社会语言学凸显"社会"的侧面，而言语交际学凸显"交际"的侧面，这三个不同的侧面都围绕语言符号与非语言符号的"语用"这个核心。

当交际双方的语言能力都很好的时候，好像就没有障碍了，而这其实是我们的一种误解。研究之中发现并不是语言能力好就能达到沟通的目的。我们过去所说的沟通仅仅是会表达。所以研究外语的人把 intercultural communication 翻译成"跨文化交际"。交际，就意味着用语言进行表达，而在语言表达过程中还有许多沟通上的问题。因为前者更注重你的语言表达好与不好，而不注重沟通之中对方是否真正理解到了你所要表达的内容，所以在某种意义上来说，笔者更倾向于"跨文化沟通"。

第三节　跨文化交际视域下的翻译实践

一、跨文化交际视域下的物质文化翻译

（一）服饰文化翻译

服饰是人类独特的劳动成果，其不仅体现了物质产品的巨大成果，还蕴含了丰富的精神文明含义。由于思维方式、价值观念、审美观念等层面的差异性，中西方服饰文化也存在明显差异。教师要想搞好翻译教学，首先就应该清楚中西方服饰文化的差异，进而了解与掌握具体的翻译技巧。

1. 服饰文化对比

（1）服饰形制对比

①中国人倾向于保守。随着中国几千年的发展，在自我保守、相对稳定的情况下，儒家、道家理念融合，成为中国古代哲学思想的主流。儒家从礼、德等层面对服饰加以规范。道家认为，自然是人类最理想的状态，因此服饰应该与自然相适应，展现出人与自然的和谐相融。在服饰设计上，人们主张对人体加以遮盖，不能炫耀自我，不能过度地表现个体。另外，服装设计要较为宽松，这样可以给人以无拘无束之感。

在中国传统家庭教育中，服装行为规范被认为是修身的一项内容，并对人们的着装产生了较大的影响。中国人对服饰非常注重，服饰穿着要合乎礼仪，即不仅要合乎身份，还要合乎场合。在古代的服饰制度中，对服饰的适用人群、款式、面料等都做了明确的规定。

②西方人倾向于开放。西方人强调个性，对个性的推崇体现在服饰上就是夸大自然，强调人的第二特征。男士的服装将胸、肩部的宽阔凸显出来，更要展现腿部的挺拔，这是男性风范的体现。女士的服装要注重胸部与臀部的扩张，同时收紧腰身，这是女性人体魅力的体现。也就是说，西方人将自己看成世界的主宰，因此强调以自我为中心，在服饰上必然会彰显自我、凸显个性。

（2）服饰颜色对比

①中国崇尚黑色、黄色与红色。在上古时期，中国先人崇尚黑色，认为黑色是支配万物的天帝色彩。因此，夏商周时期，天子会选择黑色作为冕服。

除了黑色与黄色外，中国人对红色也情有独钟。红色代表喜庆、热情，因此中国人也喜欢穿红色的衣服，尤其是结婚时，新郎新娘的衣服也会选择红色，代表吉祥如意、红红火火。

②西方崇尚白色与紫色。在古罗马时期，西方人推崇白色与紫色。在西方人眼中，白色象征纯洁、高雅、正直、无邪。尤其是西方人结婚时，婚纱的颜色会选择白色。

另外，除了白色外，紫色也是西方人崇尚的颜色，一般被西方贵族所钟爱。

（3）审美基调对比

①中国追求"逍遥"审美。在中国古代的服饰中，"逍遥"是"气"的自由表达与精神传达，服饰的逍遥美与中国的"气"是串联在一起的。在中国古代文化中，仁、义、礼、智是人的本性，而人与制度达到完全契合时就会形成一种"随心所欲"之感，即所谓的自由。

②西方追求"荒诞"审美。西方服饰的荒诞可以说从哥特时期就已经出现了，之后的文艺复兴、洛可可等风格的出现，也是荒诞审美的表现。但是，真正将荒诞视作一种美来呈现，还是在美学上的存在主义出现之后。荒诞是一种为了表现而表现的意识，其中加入了很多形式美的要素，完全置于形式表现的氛围中。

20世纪80年代的服饰中，后现代主义风格将冲突、凌乱、反讽等作为主题，出现了文身风潮、颓废造型等。20世纪90年代，受多元化与国际化的影响，服饰的荒诞风格也呈现了多元化。荒诞的风格也越来越成熟，并融入了各种形式的美。

2. 中西服饰文化翻译

（1）传达服饰文化属性

从不同角度对中国的服饰进行审视，会发现明显的不同，其中会涉及强烈的情感因素。以"荷包"来说，从风俗的角度来说，这可能代表一种定情之物；从儒家人伦观的角度来说，这体现了"三从四德"的中国传统观念；从审美的角度来说，这可以说是中国古代的一种工艺品。那么，如何让译入语读者了解不同角度的文化含义呢？这就要求译者在翻译时考虑上下文语境以及译入语国家的民族、风俗、审美习惯等，将隐含的民族文化语义揭示出来。对于"荷包"三个角度的理解，可以翻译如下。

代表"定情之物"：a token of love for male and female

代表"三从四德"：wifely submission and virtue in Confucianism the three obedience (in ancient China a woman was required to obey her father before marriage, and her husband during married life and her sons in widowhood) and the four virtues (fidelity, physical charm, propriety in speech and efficiency in needle work)

代表"手工艺术"：the magnificent hand-made folk art

（2）传达服饰功能

服饰作为人类穿戴的物品，首先是为人们的生活服务的，因此必然带有自身的用途与功能。这就要求在翻译时应该将服饰的功能传达出来，即要告诉译入语读者某一服饰产品的用途。在中国，很多传统服饰品都是中华民族特有的，这对于外国人而言是很新鲜的，甚至是没有听说过的。对于这类翻译，最好在音译的基础上进行阐释，以便于译入语读者理解与把握。例如：

云肩 yun-jian (a kind of shawl, a women's distinctive and decorative accessory wrapped around the shoulders, which is made of colored silk brocade and embroidered with four symmetrical and connected moire pattern)

如果直接将"云肩"翻译为 yun-jian，译入语读者显然是不能理解的，因此有必要加上括号内的解释。这是对 yun-jian 的补充解释，以便译入语读者一目了然，也只有让译入语读者对该服饰品的功能有清晰的把握，才能展开对该服饰品后续的文化解读。

（3）把握英美习语内涵

在英美习语中，有很多与服饰相关的习语，在翻译时应该追本溯源，将习语的内涵挖掘出来。例如：

① a bad hat；

② at the drop of a hat；

③ hat in hand。

①的含义并不是"坏帽子"，而是"坏蛋、流氓"，美国人常用这个习语代表"蹩脚的演员"，指代的是那些无用的人。②的意思并不是"帽子掉地上"，而是用来指代脾气火爆的人。在以前的比赛中裁判员会突然将举着的帽子扔到地上作为可以开枪的信号。③的意思并不是"手里拿着帽子"，而是不得已求人帮忙，指的是一些老百姓在面对权贵时，往往会脱帽致敬。这一点与中国传统礼仪相似。

（4）把握文化空缺词

英汉物质文化的不同导致英汉语言在词汇表达上的差异性，文化空缺词就是其最突出的表现。所谓文化空缺词，指某一民族特有的词汇，这些词汇可能是在历史长河中逐渐形成的，也可能是该民族独创的。

对于这类词的翻译，不是要求按照字面意思来翻译，而是要求将其在原文中的效果传达出来，译出其在原作中的文化内涵。例如，对于帽子，西方就有很多表达。

bowler 圆顶礼帽

fez 红毡帽

stetson 牛仔帽

skull-cap 无檐帽

中国读者对于"礼帽"可能还算熟悉，但是对于其他的帽子就不熟悉了。

（二）饮食文化翻译

1. 饮食文化对比

（1）饮食对象对比

①中国讲究主副搭配。中国人的饮食包含主食和副食——主食以粮食为主，如米、面等；副食以肉类、蔬菜制成的菜肴为主。中国人且喜欢吃熟食、热食，不喜欢生吃蔬菜、肉类。每餐必须主副搭配，实现淀粉、肉类、蔬菜的融合，这在中国人眼中才能称得上一顿饭。主食是为了饱腹，副食是为了调剂和补充。在中医看来，生冷食物容易对体内脏器造成影响，因此中国人喜欢吃加热之后的食物。即便是冬日里饮酒，也喜欢温了之后再喝。传统的中式早餐是包子、粥配小菜或豆浆配油条。南方普通家庭的午餐和晚餐主要是大米饭，配有荤素的两菜一汤。

②西方以面包为主。西方的一日三餐几乎都有面包，即面包是主食，且多为咸面包，同时辅以冷饮。西方人的早餐往往是涂有奶油或果酱的烤面包，配有牛奶或燕麦粥；午餐往往非常简单，一般是一份夹鸡蛋、蔬菜、奶酪、火腿等的三明治面包。另外，甜点也是西方人饮食的一部分，备受西方人喜爱。

如果是正餐，一般在主菜或者汤过后，会配有甜点，也就是说甜点是最后一道菜。面包一般随汤一起吃，甜点之后会是茶或咖啡。西式的主菜一般以蛋奶或肉类为主，有各种各样的熏鱼、牛排等。肉类一般为三五成熟，蔬菜多为生食，甜点多为冰激凌等生冷食物。

（2）饮食方式对比

①中国饮食方式繁多。中国的饮食对象非常广泛，烹饪方式繁多，因此烹饪的程序也并不是唯一的，而是富有较大的变化。比如说"宫保鸡丁"这道菜，在中国不同的地方吃会吃出不同的味道，甚至味道的差别很大。在辅料上，中国的食物往往以"一汤匙""适量"等来描述，这样就导致没有一个统一的标准，不同的厨师做出来的也必然有所差异。

在烹饪程序上，厨师往往会自由发挥，不会严格按照标准来烹饪，因此导致在中国的这片土地上产生了很多的菜系。为了追求味道的鲜美与独特，厨师们往往会根据季节、客人的口味等将同一道菜做出不同的味道。

②西方饮食方式单一。西方的饮食强调营养，注重保持食物的原汁原味，饮食对象较为单一。他们吃饭的目的在于生存与交往，因此他们的烹调程序往往按照一套标准来完成。

相较于中国的菜谱，西方的菜谱整体上更为精确、科学，调料的添加、烹饪的时间都是有规定的，甚至他们的厨房中都配有量杯、天平等，这样才能保证食物与配料添加的比例。正如肯德基、麦当劳，无论你在世界上任何一个地方吃，都会吃出一个味道，这是因为它们是严格按照世界通用的标准来烹饪的。

2. 中西饮食文化翻译

（1）以形象手法或典故命名的菜肴的翻译

中国菜肴中有很多以形象手法或典故命名的菜肴，在对其进行翻译时，应该将菜肴的本源加以还原，力求能够将其原料、做法等都翻译出来，且兼顾修辞方式。

例如，为了取吉祥的寓意，中国菜名常会借用一些不能食用的物品，如"翡翠菜心"。显然"翡翠"是不能食用的，是蔬菜艺术化的象征，因此在翻译时应该将"翡翠"省略掉。又如，"麻婆豆腐"这道菜是四川地区的名菜，传闻是一个满脸长满麻子的婆婆制作而成的，但是西方人对这一典故并不了解，因此翻译时不能直译为 a pock-marked woman's beancurd，而应该以这道菜味道的特殊性作为描述重点，便于译入语读者理解，可以翻译为 Mapo tofu (stir-fried tofu in hot sauce—the recipe is attributed to a certain pock-marked old woman)。

（2）菜肴文化翻译

西方人在烹饪菜肴时注重食物搭配，保证营养，因此与中式菜肴相比，西方菜肴种类较少，菜名也非常直白、简单，往往以国名、地名、原料名等来命名，如丹麦小花卷、牛肉汉堡等。

关于对西方菜肴文化的翻译，人们的看法不同。有人认为应该意译，即用中国类似菜品的名字来替代。例如：

sandwich 肉夹馍

spaghetti 盖浇面

但是，一些人认为这样的翻译是不妥当的：虽然两种食物在外形上相似，但是味道、材料上明显不同，因此这样的翻译是错误的。为了保证翻译的地道，反映出西方菜肴的韵味，笔者认为应该将直译与意译结合起来进行翻译。例如：

potato salad 土豆沙拉

grilled chicken 香煎鸡扒

apple pie 苹果派

corn soup 粟米浓汤

shrimp toast 鲜虾吐司

vegetable curry 蔬菜咖喱

（3）酒文化翻译

西方的酒文化有着悠久的历史，随着历史的积淀，西方的酒文化逐渐形成自身的特点。对于酒文化的起源，西方有很多说法，但是大多都认为源于神话故事。英语中，很多词语都与酒神巴克斯（Bacchus）有关。例如：

bacchus 酒的通称

bacchant 狂饮酒作乐的人

bacchic 狂欢醉酒的人

bacchae 参加酒神节狂欢的妇女们

对于酒名的翻译，一般采用如下几种翻译方法。

第一，直译法。有些酒名采用直译法进行翻译，可以实现较好的翻译效果。

例如：

Bombay Sapphire 孟买蓝宝石

Canadian Club 加拿大俱乐部

第二，音译法。在西方酒名的翻译中，音译法是最常见的方法，且主要适用于原有的商标名没有任何其他含义的情况。例如：

Vermouth 味美思

上例中 Vermouth 本义为"苦艾酒"，因为其在制作过程中添加了苦艾叶，且以葡萄酒作为酒基，因此微微带有苦涩的味道。但是如果仅仅以其中的一个原料命名实为不妥，听起来给人以忧伤的感觉，与葡萄酒香甜的味道相违背，因此采用音译，改译为"味美思"更为恰当。

第三，意译法。除了直译与音译外，意译也是西方酒文化翻译的常见方法。例如：

Pink Lady 粉红佳人

Wild Turkey 野火鸡

二、跨文化视域下的社交文化翻译

（一）中西委婉语文化翻译

在社会交往过程中，为了避免因为谈到一些尴尬的事情而影响交际的顺利进行，人们往往会利用暗示、含蓄、礼貌、委婉的方式来表达，这些含蓄的表达方式日积月累之后便形成了一种特殊的社交用语——委婉语。作为一种修辞格，委婉语不仅是一种典型的文化现象，而且还是协调、调节人际关系的重要方式。

1. 直译法

对于英语和汉语中在语义和文化上刚好对应的委婉语，翻译时应尽量采用直译的方法。这样有助于保持原文的语言风格和文化内涵，这是翻译委婉语的首选也是最佳的方法。试看下面的例子：

[例] 几时我闭了这眼，断了这口气……

（《红楼梦》第 29 回）

译文：Once I closed my eyes and breathed my last...

（杨宪益译）

这个例子中，对于"闭眼""断气"这样的委婉语，杨宪益采取了直译的翻译方法，这样的处理在其《红楼梦》英译本中可以找出很多例子。

2. 意译法

由于历史背景、习俗观念以及语言文化等原因，一种语言中的委婉语翻译成另一种语言时往往在目的语中找不到对应的词语，这种情况下不能用直译法翻译，就可以采用意译法。例如：

[例] 熙凤姑娘仗着老太太这样的厉害，如今"焦了尾巴梢子"了，只剩了一个姐儿，只怕也要现世现报？

（《红楼梦》第117回）

译 文：Xifeng was so ruthless when she had the old lady's backing that now she died sonless, leaving only one daughter. She is suffering for her sins!

（杨宪益译）

在这个例子中，"焦了尾巴梢子"的意思就是没有子嗣（sonless）。同样，在中西翻译中，当中西委婉语在内容和形式上有着很大差异的时候，译者也往往要放弃对原文表达的形式的保留而采用意译的方法将源语言中禁忌语和委婉语暗含的意义翻译出来。

（二）中西禁忌语文化翻译

1. 中西禁忌语的共性

从辩证层面来分析事物，可以得知事物都具有两面性，即个性与共性，二者相结合构成了一个统一的整体。对于中西禁忌语而言，受不同社会环境的深刻影响，二者的差异性较大，但这并不能否认二者之间所具有的共性。整体上来看，中西禁忌语具有以下两方面的共性。

第一，中西语言中关于疾病、死亡的相关词语或表述都属于禁忌语的范畴。例如，英语中 die 这一单词的意思是"死，死去、死亡"，日常生活中为了表示忌讳往往会使用别的说法来代替，如 gone、be gone、pass away 等。同样，在汉语中，当人们提到"死"时，往往会用"走了""不在了""牺牲了""与世长辞""驾鹤西去""安息""长眠""辞世了"等说法来代替。

第二，在中西语言中，关于人的生理隐私方面的内容，如性、排泄等，都属于禁忌语，提到这些内容时，要么回避，要么用一些委婉的词语来代替。例如，在汉语中，人们在提到人体排泄时往往会使用"大号""小号""大便""小便"等。在英语中，去厕所往往会用 move the bowels、make water、go to washroom、wash one's hands 来表示。

2. 中西禁忌语的差异

由于中西不同民族具有较大的文化差异，因而禁忌语的很多方面都是不同的。

首先，中西方的命名、称谓在具体的使用过程中有时候会碰到禁忌，但二者具体禁忌的方面明显不同。在封建制度的严重影响下，中国古代社会各阶层人民以及各家族内部之间具有严格的等级之分，这些等级的区分在很大程度上影响了中国人的命名。比如，晚辈的人在取名时要避讳上一辈人的名字，即尽量不要与上一辈人的名字有重复的字，因为重复长辈的名字往往被视作对长辈的不尊敬。然而，在西方国家，人们崇尚平等，人与人之间都是平等的关系，所以晚辈的名字与长辈的名字即使重复了，也没有任何问题，人们并不以为这是一种不好的现象。另外，晚辈也可以直接称呼长辈的名字，这是一种关系亲密的象征。

其次，中西方对老年人的态度、称呼也是不一样的。在中国，"老"意味着受人尊敬，代表着经验丰富，很多词语或俗语都反映了这一点，如"老骥伏枥""老马识途""姜还是老的辣"等。然而，在西方国家，人们比较忌讳他人说自己"老"，因为这意味着这个人青春已逝、毫无用处了。

最后，中西国家对于个人隐私层面所具有的禁忌也是大不相同的。在西方国家，个人都是独立的个体，他人不得干涉个人的生活与自由。如果个人的自由与隐私遭到干涉，那么将会严重影响交际关系。西方人通常情况下是不会谈及个人隐私的。因而，下列问话往往不受欢迎。例如：

What is your income ?

How old are you ?

与西方人不同的是，中国以和为贵，重视集体观念，因而人与人之间的距离比较亲密，个人隐私也相对较少，所以禁忌的内容也较少。在日常交谈的过程中，人们往往会谈及彼此的家庭、婚姻、收入、职业等，交流这方面的内容显示了交际双方之间的关系是亲密的。

在中国，对于一些数字也有一些禁忌，如"4"，这一数字的发音与"死"是一样的，因而人们在生活中比较忌讳这个数字，例如，电梯里面不设"4"层，医院床位也不设置"4"床，而是用一些其他数字代替。

在西方国家，人们对数字"13"比较忌讳。因为"13"是不祥的象征，人们在生活中很少提到这一数字。

3. 中西禁忌语的翻译方法

中西禁忌语既有共同性又有独特性，对于二者的翻译，常见的方法包括如下两种。

（1）保留源语的禁忌形象

中西禁忌语既有共性又有差异，因此，在翻译过程中对于一些特殊的禁忌语可以保留源语，如此一来不仅可以体现语言的生动性，而且可以丰富目的语的语言，也可让目的语读者感受源语所具有的文化意境。英汉语言中有许多相似甚至相同的禁忌语，可以在翻译中发现它们的对等功能。例如，关于"死"的翻译：

to depart the world of shadows 命归黄泉

to breath one's last 咽气

（2）保留源语的禁忌形象并添加注释

对于一些似是而非的禁忌语，也就是既是在指称禁忌语指称的事物，又好像不是在指称禁忌语指称的事物，在翻译过程中可以保留源语形象同时添加注释的方式进行翻译。如此不仅可以充分保留源语的文化色彩，而且还方便目的语读者理解与接受。例如：

white meat 鸡胸肉（注：维多利亚时代，受过良好教育的上层社会侍女在社交场合忌用 breast、legs、thigh 这一类含有淫秽含义的词语。因此，用 white meat 指餐桌上的鸡胸肉）。

第五章　互联网背景下的翻译发展研究

随着科学信息技术的发展，翻译教学也发生了天翻地覆的变化，我们在进行翻译教学时也要做到与时俱进，并对当前的教学形式有一个全面的认识。为此，本章主要从机器翻译以及语料库翻译研究两方面对互联网背景下的翻译发展展开全面论述。

第一节　机器翻译

随着互联网的普及和硬件技术的飞速发展，语料数据的收集规模和机器计算能力得到了提高。机器翻译系统的研究和开发从基于规则的方法发展到了基于语料库的方法，又从统计机器翻译方法发展到了神经机器翻译方法。目前，几大网络在线多语言翻译系统已经采用神经机器翻译方法，如微软翻译、谷歌翻译和百度翻译等。

一、对机器翻译的分析及展望

机器翻译的发展起起伏伏，从 21 世纪初开始进入了快车道。数据驱动的机器翻译方法相比传统方法已然取得极大的进步，数据和算法技术是推动机器翻译发展的两个重要方面。

1954 年的 Georgetown-IBM 翻译系统仅能使用 6 条语法规则和 250 个词条，即用少量数据简单地进行俄语到英语的翻译任务。1993 年布朗等人提出的统计机器翻译方法的实验中使用了百万级规模的双语数据量。2007 年起，商用的统计机器翻译系统使用了千万级的双语数据量训练模型。目前，有些语言的翻译系统已经使用了亿量级的双语训练数据。由此可见，双语数据是机器翻译质量的一个关键因素，数据规模越大，质量越高，构造出的机器翻译系统的性能也越高。但是，数据的发展目前也存在瓶颈。一方面，数据规模增长到一定程度后带来的机器翻译质量收益会趋于平稳，原因是存在大量的同质、同构数据使得模型难以学习到更丰富的翻译知识。另一方面，不同语言、不同领域的数据规模分布不均匀，使得机器翻译性能无法在所有翻译任务上取得均衡。大语种如英语、西班牙语、汉语、法语等的双语数据量大，稀有语种如少数民族语言（藏语、苗语等）的数据量小；新闻、财经等领域的数据量大，而专业领域如医药、汽车等的数据量小。因此，数据的均衡性和多样性发展对机器翻译来说仍然非常重要。

此外，算法技术的变革对机器翻译的发展也至关重要。一种新算法在刚出现时性能可能不能与传统方法匹敌，但随着技术细节的不断改善，最终可能就会超越当前的主流方法。如图 5-1 所示的是英国爱丁堡大学的机器翻译系统在历年 WMT（国际机器翻译大赛）评测中的英－德数据集上的性能比较，其中2015 年的神经机器翻译引用加拿大蒙特利尔大学的机器翻译评测结果。如图 5-1 所示，基于短语的统计机器翻译方法初期性能一直领先于基于句法的统计机器翻译方法。直到 2015 年，改进后的基于句法的统计机器翻译性能超越了基于短语的统计机器翻译方法性能。这一年，神经机器翻译方法作为一种新技术开始崭露头角。经过一年的快速发展，2016 年神经机器翻译方法显著领先于统计机器翻译方法。到了 2017 年，其性能已经突飞猛进，成为主流机器翻译方法。我们相信随着人工智能研究的推进，大数据、大计算、大算法会不断推动机器翻译技术的进步。神经机器翻译方法并不会是机器翻译技术的终极方法，还会有更先进、更高效的机器翻译方法被提出。

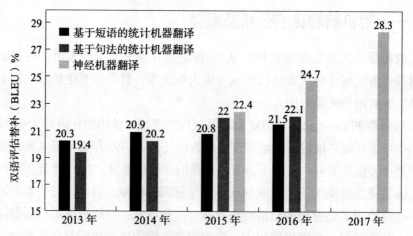

图 5-1　英国爱丁堡大学的机器翻译系统在 2013—2017 年每年 WMT 评测中的
英－德数据集上的性能比较

展望未来，机器翻译技术的研究可能会从以下几个方面展开。

第一，基于强大的计算能力和计算资源，机器翻译技术能够融合更全面的上下文信息、知识库、多模态数据及吸收不同机器翻译技术方法的优势，翻译性能和质量会得到进一步提高，基于各种设备的机器翻译的应用也更加普及。

第二，垂直领域的大数据和高质量数据会推动应用于垂直领域的专用机器翻译系统接近或取得成功，从而带动通用机器翻译性能的不断提高。

第三，对无监督学习、强化学习、小样本学习等技术的研究不断深入，会推动机器翻译技术逐渐克服数据瓶颈，翻译性能不断得到提升，应用场景不断得到拓展。

二、机器翻译的应用

机器翻译技术和产品已经应用在很多场景中，比如商务出行、旅游、跨语言信息检索等。从翻译对象的形态来说，有面向书面语的文本翻译，还有面向口语的语音翻译。

（一）文本翻译

自动文本翻译广泛应用于各种句子级和篇章级的翻译应用场景中。句子级的翻译应用包括查询检索输入的翻译和图片光学字符识别（OCR）结果的翻译等。篇章级的翻译应用包括各种纯文档（如普通文章段落）的翻译和带有结构化信息的文档（如网页）翻译。结构化信息主要包括篇章内容的显示格式、对象类型操作等信息，如字体、颜色、表格窗体、超链接等。

目前，机器翻译系统的翻译对象主要是基于句子级别的。首先，一个句子可以完整表达一个主题内容，自然形成一个表达单元，根据句子内部的有限上下文已经可以很大程度上确定句子中每个词的含义。其次，从训练语料库中以句子级别获取信息的手段和质量要比基于其他形态级别如词、短语和篇章段落等来说更加高效。最后，基于句子级别的翻译可以自然拓展到支持其他形态级别的翻译。词或短语级别的翻译可以视为短句的翻译，或可以采取常规查词典的方法。

对于篇章段落级别的翻译，可以将其分割成若干句子，分别完成句子级别的翻译后再合并成目标语言的篇章段落形态。篇章段落中的句子之间存在一定的相关性，比如时态的一致性、上下文的指代情况等。因此，在翻译篇章中的句子时通常会加入篇章级别的特征信息以提高翻译质量，或者对翻译结果进行编辑后处理以体现篇章信息。

对于带有结构化信息的篇章翻译任务，一般要求翻译前后的篇章中的结构化信息保持不变。为此，翻译篇章时需要首先对其进行解析，将结构化信息分离出来或统一映射为特殊符号，然后将篇章内容以纯文档方式进行翻译，最后再恢复译文中的结构化信息。例如，以网页的翻译任务为例，需要首先处理各种 HTML、XML 结构信息，待网页内容完成翻译后再恢复还原成 HTML、XML 的原始结构形式。

需要注意的是，出于文档内容显示和操作需求，结构化文档的结构化信息经常出现在句子或短语中间，破坏了句子和短语中词语之间的连续性，会造成篇章翻译质量下降的情况。

总体而言，句子级和篇章级文本的机器翻译质量目前还没有达到人工翻译专家的水平，但是机器翻译的应用可以使人们在没有专家帮助翻译的情况下也能够借助机器了解、掌握、使用其他语言的知识、信息。此外，机器翻译也可应用在生产环节中，例如在计算机辅助翻译（computer aided translation，CAT）领域中提高人工翻译的效率。

（二）语音翻译

随着移动应用快速发展，语音输入成为一种便利的人机交互方式，语音翻译已成为一个重要的应用场景。语音翻译的基本流程是"源语言语音—源语言文本—目标语言文本—目标语言语音"。此流程中，从源语言文本到目标语言文本的自动文本翻译是一个必需的中间模块，此外，其前端和后端还分别需要有自动语音识别系统（automatic speech recognition，ASR）和语音合成系统（text-to-speech，TTS）。

自动语音识别系统负责完成源语言语音到源语言文本的转化，而语音合成系统负责完成目标语言文本到目标语言语音的转化。自动语音识别和语音合成技术是语音计算领域的主要研究内容，不在本书的讨论范围之内，下面仅讲述语音识别结果的处理和翻译技术。

在实时语音翻译应用场景下，文本翻译的输入数据是语音识别结果，它是人们日常使用的口语数据，与通常由人工记录下来的文本数据有很大不同。人工记录的文本为了便于阅读和理解，需要经过编辑整理后才发布，因此在语法、修辞等方面都很规范。而语音识别结果是由机器将真实的口述语音内容转化出的文本。

语音识别结果有两大特点：一是通常包含各种语气词和插入语、内容重复；二是文本中没有标点符号，不会有标识特定句型（如陈述句和疑问句等）的符号出现。这两个特点都对机器翻译造成了障碍。

机器翻译模型都是基于人工记录下的规范文本语料训练出来的，如果直接使用该模型翻译语音识别结果，那它的翻译质量会非常差。为提高语音识别结果的翻译质量，通常需要将语音识别结果预先处理成规范文本。针对语音识别结果的特点，对应有两个数据处理任务，分别称为去噪（或去非流畅信息）任务和断句（或标点符号预测）任务。

第一，去噪任务将语音识别结果中影响阅读理解的噪声去掉。对于各种常见的语气词、插入语以及特定的未识别词代号，可以采用枚举等简单方法识别后去除。对于重复内容、连续修正以及复杂噪声嵌套等现象可以利用机器学习算法，基于标注数据训练一个去噪模型加以去除。

第二，断句任务需要在语音识别结果中的合适位置插入合理的标点符号。在语音翻译场景下，主要插入常用的逗号、句号、问号及感叹号等四种标点符号，分别对应语音识别结果中子句、陈述句、疑问句和感叹句的识别。断句任务也是采用机器学习算法，通过训练、学习一个模型来处理。语音数据中的停顿和语调等信息对获得更高的断句任务质量有一定的帮助。

一个典型的语音翻译应用是微软公司开发的实时语音翻译系统，它在语音到语音的翻译流程中加入了去噪和断句处理模块，可以连续不间断地同步翻译语音数据，实现日常对话、演讲等场景下的语音翻译，已应用于 Skype、PowerPoint 等产品中。

（三）应用扩展

直观而言，机器翻译的任务是将一种源语言词序列转换成语义相等的另一种目标语言词序列。从本质上来说，它完成的是一项序列转换任务，将一个序列对象通过模型、算法按照某种知识、逻辑转换为另外一个序列对象。现实生活中有许多任务场景都是在完成序列对象之间的转换任务，机器翻译任务中的语言只是其中的一种序列对象类型。因此，当将源语言和目标语言概念从语种延伸到其他序列对象类型时，机器翻译技术、方法就可以应用于解决许多类似的转换任务。表 5-1 总结了几种应用场景。

表 5-1　几种机器翻译技术应用场景

任务场景	源语言对象	目标语言对象
自动对联生成系统	上联	下联
格律诗生成系统	前一句诗	后一句诗

续表

任务场景	源语言对象	目标语言对象
字谜游戏系统	谜面	谜底
拼音输入法系统	拼音	文字
自动问答系统	问题	答案
对话聊天系统	上一个句子	下一个句子

如图 5-2 所示的是一个对联生成系统。用户输入一个上联，机器会自动生成多个对仗工整、平仄押韵的候选句子，供用户从中选择一个最好的句子作为下联。这里用到的就是机器翻译技术，它将上联输入视为一个源语言句子，产生的下联视为机器翻译结果，即对联的产生过程就是将上联翻译为下联。对联生成系统的训练数据就是通过搜集大量的对联、诗词等数据作为双语语料，其模型训练和解码方法与常规机器翻译任务中的方法是相同的。

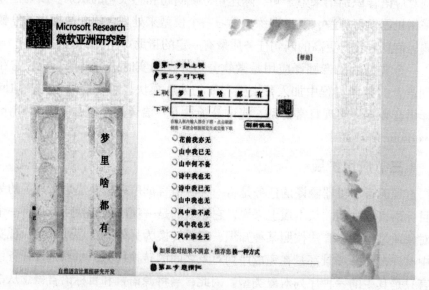

图 5-2　对联生成系统

与对联生成系统类似的应用还有格律诗生成系统和字谜游戏系统。给定第一个句子，格律诗生成系统可以依此自动生成第二句；然后基于前文信息，再自动生成第三句和第四句。在此过程中，上下句分别看作源语言句子与目标语言句子，通过机器翻译模型实现下句的自动生成，其中机器翻译模型可以融入主题模型以加强所生成诗句与创作意图的相关性。字谜游戏系统则是按照汉字结构将谜底拆分成偏旁部首序列，然后与谜面句子成对组合成源语言句子和目标语言句子形态，于是就转换成了一个机器翻译问题。它可以完成给定谜面猜谜底的任务，反之也可以完成基于谜底构造谜面的任务。

另一个典型的应用是拼音输入法系统。键盘输入的拼音序列可以视为一个源语言句子，而文字序列的输出则可以视为一个目标语言句子，于是拼音到文字的转换就是一个机器翻译过程。其特别之处在于此机器翻译过程无须考虑目标翻译结果相对于源语言句子内容的调序问题。

机器翻译技术还可以应用于更宽泛的数据形态处理任务，比如对话聊天系统和自动问答系统等。对话聊天系统的一轮对话中，可以采用机器翻译的方法基于上一句产生下一句。类似的，自动问答系统中的答案可以视作针对问题的翻译输出。

随着数据的积累和技术的发展，机器翻译的技术会越来越成熟，其应用场景会不断扩大，会突破文本数据的处理范围，拓展到与图像、语音相关的应用场景。笔者相信，一些有趣的应用包括手语翻译、唇语识别、音乐配词、歌词谱曲等，会从概念演示阶段逐渐走向实用产品阶段。

第二节　语料库翻译

1998 年，"基于语料库的方法"已为众人所知，被认为是"翻译研究的一种新范式"。这一方法利用了单语（主要是英语）语料库语言学的工具和技术。单语语料库肇始于 20 世纪 80 年代早期，源自约翰·辛克莱和他的团队在英国伯明翰所创建的 COBUILD 英语词典项目。计算机系统的快速发展使我们有可能建造基于自然文本（这些文本都是写下来用于真实交际的文本，不是语言研究者人为创造的）的电子"语料库"。语料库能够利用软件进行处理和分析，考察其中词语形式的用途和模式。使用计算机语料库的主要缘由是语言例证的质量，特别是在搭配和词汇条目典型用法方面的质量，与分析者的直觉相比，具有无可比拟的优势。在翻译研究领域，使用基于语料库方法的先驱者是奥斯陆的斯蒂·约翰森。

在一篇鼓励翻译研究使用计算机语料库的论文中，贝克认为典型性概念是与吉迪恩·图里所研究的规范、法则和共性等概念相联系的。贝克研究的重点是识别翻译文本语料库的语言典型性特征，用来与非翻译语言进行对比，二者之间的差异可能会潜在地揭示一些源自翻译过程和翻译规范的因素。贝克提出了的一些译文特点包括明晰化、语法标准化以及常见词如"say"的使用频

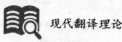

率的增加等，而在进行计算机处理之前，已经有人提出了类似的假设。例如，列维注意到，译文的特点通常是语法正确、表现手法老套的陈词滥调。布卢姆－库克和莱文斯顿认为词汇简单化是译文的典型特点。维奈和达贝尔内就翻译过程做了一些概括，他们认为译文通常总是比原文要长。正是由于大规模计算机数据库以及各种便捷工具的出现，这些假设都有可能通过大量文本得到实际验证。

一、不同类型的语料库

博纳蒂尼等人简要总结了语料库的类型，以及每个类型的用途，尽管他们也承认："这一领域中的术语缺乏一致性。"他们讨论了以下几种语料库。

第一，单语语料库: 收集同一语言的文本。这些文本可以用来分析体裁特点、作者风格或者特定词语构式的用途。译者可以用它来检查语言的自然度，包括常用的搭配。一些大规模的单语语料库是非常重要的，例如，"英国国家语料库"（BNC）和"COBUILD 英语语料库"，都可以作为代表性的参照语料库，用作衡量语言偏差的标杆。

第二，可比双语语料库，通常专门收集两种语言中的相似源语文本，可用于术语学以及其他方面的对等参照 。

第三，平行语料库，包含了原文－译文文本对，这种语料库可以是句子与句子、段落与段落对齐的，能够通过考察发现译者所使用的策略。"布莱顿交叉语料库"以及"加拿大议会议事录" 就是此类语料库。重要的是，博纳蒂尼等人指出，平行语料库如果同单语源语语料库和单语目标语语料库相结合使用，还能够让学习者（或者研究者）拿翻译后的文本和两种语言中的"原版本"进行比较。也就是说，有可能识别出译文中明显的词汇或者语法特征，然后看这些特征在相同语言的非翻译文本中是否同样明显。据此，奥鲁翰和贝克考察了曼彻斯特大学"翻译英语语料库"（Translational English Corpus, TEC）中的"that"一词，将其使用频率与一个非翻译文本的参考库（"英国国家语料库"的小说子库）进行比较。他们得出初步结论：在 BNC 中，连接词在缩合用法中更多地被省略（例如，"I don't think [that] she saw me."），可能说明该文本不够正式。另一方面，在 TEC 中，"that"更多出现在缩合结构中，表明这种现象可能是翻译语言的一个特征。

二、语料库翻译研究

梅芙·奥鲁翰的《翻译研究语料库入门》一书，对这一研究领域进行了综述，包括了句法个案研究和其他特征的个案研究。奥鲁翰提及了一些通过商业途径可以获得的软件，比如 Wordsmith Tools 和 Paraconc，这些软件有助于分析研究者建立的平行语料库。比如说，人们对一个原文－译文文本对进行研究，在版权允许的情况下，语对可通过电子格式获得，也可以进行下载或扫描。此类分析可以是定量的（对比原文与译文在词频、分布、词汇密度、句子长度、关键词等方面的统计数据），也可以是定性的。数据通过可比单语语料库的索引行生成。通过此种途径，基于语料库的翻译研究方法与其他方法和途径联系了起来。这些都是明显的描写性研究，主要是研究翻译结果或者尝试识别翻译的典型特征。

在大数据背景下实现对信息的快速存取，与对文本在其社会文化语境中的细致批评分析一起，构成了一个互补的跨学科方法，显示出一些极易被人忽略的模式。奥鲁翰试图通过查找非正式的缩略语与关键词，将一个文本中的文体模式与译者的意识形态或者环境联系起来。但是，这种方法成功与否受到了计算机生成结果和它所能做出的恰当解释的限制。尽管如此，通过对比不同译者的作品，并与一个参照语料库对比，也许能确认对一篇文本风格的直观感受，并产生与翻译语言相关的假设。这与贝克的研究方法相吻合，她将动词"say"的频率作为一个标准化和词汇简化的标记，分析了译者彼得·布什（来自西班牙）和彼得·克拉克（来自阿拉伯）的风格。贝克发现克拉克使用 say 的频率是布什的两倍，但这也可能是由于阿拉伯语源语中可以翻译为 say 一词的词语的高频使用所致，这就是贝克的研究存在问题的地方。该研究声称要开发一种用于风格分析的方法（关于用来考察一个文学翻译者风格的方法），却根本没有考虑到源语和源语文本。如果我们确信图里的干扰法则，那么这些（源语和源语文本）都会对目标语文本产生一些影响。

在平行语料库方面最有创新性的项目是由斯蒂·约翰森所创建的英语－挪威语双向平行语料库。但是约翰森探讨了为多语语料库收集合适文本所面临的困难，其中问题之一就是译自英语的文本远远多于译自挪威语的文本。他提出的第一个建议是，对那些被翻译成瑞典语或者芬兰语的文本而言，可以将英语作为一个起点。另一个建议是约翰森本人也采用的，就是让职业译者翻译相同的文学文本，产生多样的译文，以研究翻译变异。这些都被收集在奥斯陆多语语料库里。

　　同样值得注意的是，许多研究采用了对比分析的方法，使用了可能是特定类型的对比语料库来分析。格兰杰和佩奇－泰森所编写的论文集就将语料库语言学、翻译研究和对比分析汇集在一起，而伊恩·威廉姆斯的研究则基于一个500 000字的生物医学论文语料库，包含了英语源语文本、西班牙语目标语文本以及一个相同类型的西班牙源语可比语料库。这样的语料库设计能够识别统计出西班牙语目标语文本的偏离（与英语源语文本相比），也能识别出西班牙语源语文本和目标语文本之间的偏离。

参考文献

［1］马会娟. 汉译英翻译能力研究［M］北京：北京师范大学出版社，2013.

［2］毛荣贵. 新世纪大学英汉翻译教程［M］. 上海：上海交通大学出版社，
2008.

［3］王东风. 国外翻译理论发展研究［M］. 北京：外语教学与研究出版社，
2010.

［4］贾文波. 应用翻译功能论［M］. 北京：中国对外翻译出版公司，2004.

［5］郭建中. 文化与翻译［M］. 北京：中国对外翻译出版公司，2000.

［6］王华树，李莹. 字幕翻译技术研究：现状、问题及建议［J］. 外语电化教学，
2010（6）：80-85.

［7］高巍，范波. 科技英语翻译教学再思考：理论、途径和方法［J］. 外语
电化教学，2020（5）：65-71.

［8］王骞. 概念隐喻视角下的法律英语翻译教学［J］. 上海翻译，2018（6）：
57-62.

［9］吴行爱. 高校英语翻译教学发展现状、问题及对策研究［J］. 洛阳师范
学院学报，2018，37（9）：91-93.

［10］张娟. 生态语言学视角下广告英语的翻译策略研究［J］. 黑河学院学
报，2018，9（1）：143-144.

［11］孙晓黎. 基于"慕课"平台翻译能力的培养［J］. 上海翻译，2016（5）：
73-76.

［12］范劲松，季佩英. 翻译教学中的师评、自评和互评研究：基于多层面
Rasch 模型的方法［J］. 外语界，2017（4）：61-70.

［13］祝一舒. 从文字翻译到文学翻译：许渊冲的文学翻译艺术观探析［J］.
外语与外语教学，2018（6）：126-132.

［14］徐彬，郭红梅. 基于计算机翻译技术的非技术文本翻译实践［J］. 中国

翻译，2015，36（1）：71-76.

［15］徐珺，自正权.基于语料库的英语财经新闻汉译本的词汇特征研究［J］.中国外语，2014，11（5）：66-74.

［16］刘云虹，许钧.文学翻译模式与中国文学对外译介:关于葛浩文的翻译[J].外国语（上海外国语大学学报），2014，37（3）：6-17.

［17］李雪.基于慕课的翻译教学设计要素与影响因素研究［D］.南京：南京邮电大学，2019.

［18］李小川.英汉情态意义互译研究［D］.长沙：湖南师范大学，2012.

［19］龚晓斌.文学文本中的视觉翻译［D］.上海：上海外国语大学，2013.

［20］葛厚伟.基于语料库的《尚书》译者风格研究［D］.扬州：扬州大学，2020.

［21］白玲.基于语段的汉英翻译能力诊断测试研究［D］.北京：北京外国语大学，2017.

［22］王慧.美国汉学家康达维的辞赋翻译与研究［D］.武汉：湖北大学，2016.

［23］赵长江.19世纪中国文化典籍英译研究［D］.天津：南开大学，2014.

［24］吕冰.翻译教师笔译教学实践性知识的个案研究［D］.上海：上海外国语大学，2018.

［25］陶友兰.试论中国翻译教材建设之理论重构［D］.上海：复旦大学，2006.

［26］汪火焰.基于跨文化交际的大学英语教学模式研究［D］.武汉：华中科技大学，2012.

［27］陈媛媛.大学英语翻译教学的问题与对策研究［D］.重庆：西南大学，2009.

［28］徐海江.论高职商务英语翻译教学中学生跨文化交际意识的培养［D］.上海：上海师范大学，2009.